Titolo originale *The Last White Man*

www.einaudi.it

ISBN 978-88-06-25560-2

Mohsin Hamid

L'ultimo uomo bianco

Traduzione di Norman Gobetti

Einaudi

L’ultimo uomo bianco

a Becky

Parte prima

Capitolo primo

Un mattino Anders, un uomo bianco, si svegliò e scoprí di essere diventato di un innegabile marrone scuro. Se ne rese conto a poco a poco, e poi di colpo, provando dapprima, mentre allungava una mano verso il telefono, la sensazione che la luce dell'alba stesse facendo qualcosa di strano al colore del suo avambraccio, e in seguito, e con un sussulto, convincendosi che ci fosse qualcun altro a letto con lui, maschio, piú scuro, ma questo, per quanto terrificante, era di certo impossibile, e lo rassicurò il fatto che l'altro si muovesse quando si muoveva lui, non era una persona, un'altra persona, ma soltanto lui, Anders, e ciò gli provocò un moto di sollievo, perché se l'idea che lí ci fosse qualcun altro era solo il frutto della sua immaginazione, allora di sicuro anche l'impressione di aver cambiato colore era un effetto ottico, un abbaglio, un artefatto della sua mente, nato nell'ingannevole luogo a metà strada fra i sogni e la veglia, non fosse che adesso aveva il telefono tra le mani e aveva girato la videocamera, e vedeva che la faccia che lo stava guardando non era affatto la sua.

Anders si buttò giú dal letto e stava per precipitarsi in bagno, ma poi, calmandosi, si costrinse a rallentare, a muoversi in modo piú deliberato, piú misurato, e se lo stesse facendo per esercitare il suo controllo sulla situazione, per costringere con la pura forza del pensiero la realtà a fare ritorno, o perché correre lo avrebbe spaventato ancora di piú, trasformandolo per sempre in una preda braccata, non lo sapeva.

Il bagno era familiare nel suo confortante squallore, le crepe nelle piastrelle, lo sporco nelle fughe, la striscia di dentifricio secco sul bordo del lavandino. L'interno dell'armadietto dei medicinali era visibile, l'anta a specchio socchiusa, e Anders sollevò una mano e fece ruotare il suo riflesso fino a piazzarselo davanti agli occhi. Non era il riflesso di un Anders che riconosceva.

Fu travolto dall'emozione, non tanto stupore, o dispiacere, sebbene ci fossero anche quelle cose, ma soprattutto la faccia che aveva sostituito la sua lo riempí di rabbia, anzi, piú che rabbia, di un'inattesa furia omicida. Voleva ammazzare l'uomo di colore che gli si parava davanti lí in casa sua, spegnere la vita che animava quell'altro corpo, non lasciare in piedi altri che se stesso, se stesso com'era prima, e colpí quella faccia col lato del pugno, incrinandola leggermente, e facendo pendere da un lato l'intero mobile, armadietto, specchio e tutto, come un quadro dopo un terremoto.

Poi restò immobile, il dolore alla mano attenuato dalla veemenza che si era impadronita di lui, e si sentí tremare, una vibrazione cosí leggera da essere quasi impercettibile, ma poi piú forte, come una pericolosa infreddatura invernale, come trovarsi a gelare fuori casa, senza riparo, e quel tremito lo ricondusse a letto, sotto le lenzuola, e ci restò a lungo, nascosto, desiderando che quel giorno appena iniziato, per favore, per favore, non iniziasse.

Attendeva un annullamento, un annullamento che non avvenne, e le ore passavano, e si rese conto di essere stato derubato, di essere vittima di un crimine, il cui orrore non faceva che aumentare, un crimine che gli aveva portato via ogni cosa, che gli aveva portato via se stesso, perché come poteva dire di essere ancora Anders, come poteva essere ancora Anders, con quell'altro uomo che lo fissava, sul telefono, nello specchio, e lui cercava di non controllare di continuo, ma ogni tanto controllava, e di nuovo vedeva il furto, e anche quando non stava controllando, non c'era modo di eludere la vista delle braccia e le mani, scure, ancora piú spaventose, perché sebbene per il momento ne avesse il controllo non c'era alcuna garanzia che sarebbero rimaste cosí, e non sapeva se l'idea di essere strangolato, che continuava a tornargli in mente come un brutto ricordo, fosse una cosa che temeva o ciò che piú desiderava fare.

Cercò, senza alcun appetito, di mangiare un sandwich, di calmarsi, di rilassarsi, e si disse che sarebbe andato tutto bene, anche se non ne era davvero convinto. Avrebbe voluto credere di poter tornare quello di prima, di poter guarire, ma ne dubitava, non ci credeva, e quando, chiedendosi se non fosse solo frutto della sua immaginazione, fece una prova scattandosi una foto e archiviandola in un album digitale, l'algoritmo che in passato aveva immancabilmente suggerito il suo nome, quell'algoritmo cosí affidabile, cosí infallibile, non riuscí a identificarlo.

Di solito a Anders non dispiaceva stare solo, ma cosí non sentiva di essere solo, sentiva di essere in compagnia di una presenza tesa e ostile, intrappolato dentro casa perché non osava mettere piede fuori, e andava dal computer al frigo al letto al divano, muovendosi per il suo piccolo appartamento quando non sopportava di restare un istante di piú dove si trovava, ma non c'era modo di sfuggire a Anders, per Anders, quel giorno. Ed era sopraffatto dall'inquietudine.

Cominciò, non riusciva a evitarlo, a esplorare il proprio corpo, la consistenza dei capelli, la peluria sul viso, la grana della pelle sulle mani, piú asciutta, la minore visibilità dei vasi sanguigni, il colore delle unghie dei piedi, i muscoli dei polpacci, e spogliandosi, febbrile, il pene, normale quanto a dimensioni e pesantezza, normale se non per il fatto che non era il suo, e quindi era bizzarro, inaccettabile, come una creatura marina che non dovrebbe esistere.

Il primo giorno Anders mandò un messaggio per dire che era malato. Il secondo giorno mandò un altro messaggio e aggiunse che era piú malato di quanto pensasse e che probabilmente non sarebbe andato a lavorare per tutta la settimana, e a quel punto il capo lo chiamò, e quando Anders non rispose gli mandò un messaggio dicendogli, spero che tu sia in fin di vita, ma poi lo lasciò tranquillo, a parte una breve postilla un'ora dopo in cui diceva, tu non lavori io non ti pago.

Da quando era cambiato, Anders non aveva ancora visto nessuno, e non aveva voglia di vedere nessuno, ma era rimasto senza latte, petto di pollo e tonno in scatola, e c'era un limite alla quantità di proteine in polvere che un uomo poteva ragionevolmente consumare, il che significava che doveva uscire e affrontare il mondo, o quantomeno il commesso del supermercato. Si mise un berretto calcandoselo bene in testa.

La sua auto, che era stata l'auto di sua madre, aveva circa la metà dei suoi anni, gli operai che l'avevano assemblata ormai in pensione, o licenziati, o sostituiti da robot, e sbandava un po' quando cambiava velocità, e ancor piú quando cambiava direzione, come una ballerina dai fianchi flessuosi, o come un'ubriaca, ma il motore rifatto era piacevolmente reattivo, desideroso di fare buona impressione, e poiché la madre di Anders era stata una patita di musica classica, il padre si era assicurato che l'impianto stereo fosse cristallino, con alti nitidi e medie frequenze oneste, e quella che Anders, soprattutto in quei giorni, considerava una sottovalutata, rassicurante mancanza di rimbombo nei bassi.

Nel parcheggio del supermercato vide qualcuno che lo fissava e poi distoglieva lo sguardo, e accadde di nuovo nella corsia dei latticini. Non sapeva cosa pensassero quelle persone, né se pensassero qualcosa, e sospettava che fosse solo la sua immaginazione a fargli percepire barlumi di ostilità o disgusto. Riconobbe il commesso che stava scansionando i suoi acquisti, ma il commesso non riconobbe lui, e Anders ebbe un momento di panico dopo avergli passato la carta di credito, ma il commesso non la guardò neanche, né il suo nome né la sua firma, e non diede segno di aver sentito il suo borbottio di ringraziamento, non mosse un muscolo e nemmeno batté le palpebre, come se Anders non avesse parlato.

Quando Anders risalí in macchina, gli venne in mente che le persone che aveva notato erano tutt'e tre bianche, e che forse era paranoico, dava peso a dettagli probabilmente insignificanti, e a un semaforo affrontò il proprio sguardo nello specchietto retrovisore, cercandovi la bianchezza, perché doveva pur essere da qualche parte, magari nella sua espressione, ma non riusciva a vederla, e piú si guardava meno sembrava bianco, come se cercare la propria bianchezza fosse l'esatto contrario della bianchezza, la allontanasse ancora di piú, facendolo sembrare disperato, o insicuro, o come se quello non fosse il suo posto, anche se era nato lí, maledizione, e poi sentí il forte e prolungato colpo di clacson dell'auto alle sue spalle, e si avviò per superare il semaforo che da qualche secondo era diventato verde, e la donna dietro di lui sterzò per superarlo, e tirò giú il finestrino e lo insultò, furibonda, lo insultò di brutto e filò via, e lui non fece nulla, nulla, non le gridò dietro, non le rivolse un sorriso disarmante, nulla, come se fosse deficiente, e lei era carina, davvero carina, o almeno lo era stata prima di urlargli dietro, e arrivato a casa lui si chiese come quella donna avrebbe reagito, come avrebbe potuto reagire, se in qualche modo avesse potuto sapere che era bianco, o se avesse potuto saperlo lui, perché d'improvviso, e non c'era modo di sottrarsi a quel fardello, non lo sapeva.

Si rollò uno spinello e fece un tiro, trattenendo il fumo nei polmoni, ma forse fu un errore, perché quando ebbe preparato da mangiare non aveva piú fame, e invece provava un'ansia martellante, che, lo sapeva per esperienza, gli sarebbe passata solo continuando a fumare, era quello l'unico modo per non restarci invischiato, e cosí fumò ancora, e guardò il telefono gironzolando su internet, e alla fine il pranzo lo mangiò per cena.

Gli sarebbe piaciuto parlare con sua madre, se c'era una persona al mondo con cui in quel momento avrebbe potuto parlare, sarebbe stata lei, ma se n'era andata già da qualche anno, a causa dell'acqua, lo sapevano, dell'acqua che aveva un odore cattivo e un gusto cattivo, ma a un certo punto era migliorata, e cosí quand'era arrivato il cancro che l'aveva divorata da dentro, come già aveva divorato tante altre persone, era stato difficile dimostrare che quel cancro aveva una causa ben precisa, difficile dimostrarlo in tribunale, quantomeno, e negli ultimi mesi lei non riusciva neanche piú a parlare, rantolava e basta, e non ne poteva piú, cosí la fine era stata una benedizione.

Ma prima di ammalarsi lo ascoltava, e aveva una fede illimitata in suo figlio, faceva lunghe conversazioni con lui quando da piccolo tardava a parlare, e gli leggeva a letto quando tardava a leggere, e quando a sette anni aveva avuto lei come insegnante di classe gli era piaciuto cosí tanto che l'anno dopo si era rifiutato di passare alla classe successiva, ed era rimasto con lei ancora due settimane prima di lasciarsi convincere, con grande riluttanza, ad andare dove doveva, ed era stata lei a fare di lui un lettore, e a battersi perché gli concedessero del tempo in piú agli esami, e a volere che frequentasse l'università, anche se poi se n'era andata prima che lui ci andasse, e alla fine, fra una cosa e l'altra, lui non ci era andato, sebbene, per lei ma anche per se stesso, sperasse ancora di poterlo fare un giorno, o una notte, dato che gli sembrava piú fattibile seguire le lezioni serali.

Alle superiori tutti dicevano che il suo tratto migliore era il sorriso, un sorriso d'indulgenza per se stesso e d'indulgenza per gli altri, un sorriso incoraggiante, generoso, seducente, che aveva preso dalla madre, che era passato dalla faccia di lei a quella di lui, e adesso non c'era piú, la sensazione che rendeva possibile quel sorriso, e Anders non sapeva se sarebbe mai tornata.

Capitolo secondo

Quando rispose al telefono, Oona aveva appena finito di meditare, e si trovava quindi in quel fugace stato di serenità che la meditazione può indurre, la sensazione di aver brevemente toccato la cresta dell'onda dei propri pensieri, e di volerci restare, e già nel desiderarlo, nel desiderare in sé, si scivola giú, perdendo la spinta ascensionale, sprofondando sotto il cavallone successivo.

Percepí il panico e l'angoscia nella voce di Anders mentre si premeva su un lato della testa un piatto parallelepipedo di vetro e metallo, fresco e poi neutro quanto a temperatura, e lo lasciò parlare, e mentre lui continuava a parlare cercò di rassicurarlo, di essere gentile e comprensiva, però non si sentiva davvero presente, su di lei era calato un certo distacco, perché, mentre lui parlava, lei pensava soprattutto, e sempre di piú, a se stessa.

Oona era tornata in città per aiutare la madre dopo la morte del suo fratello gemello, una morte attesa da tempo, forse fin dalla prima pasticca che aveva preso a quattordici anni, e lei era tornata anche nella remota eventualità che il suo gemello la volesse con lui ora che si avvicinava alla fine, che potesse ancora volere una cosa simile, che in lui le esigenze legate alle persone potessero ancora emergere con forza sufficiente a superare le esigenze causate dalle dipendenze chimiche, anche se sperarlo significava trovarsi in inferiorità numerica, perché la speranza di un'unica persona si contrapponeva all'industriosità di migliaia, forse milioni, di persone, e suo fratello era morto solo, come ci si era sempre aspettati, a pochi chilometri dai suoi.

Perciò Oona non si sentiva in colpa pensando a se stessa mentre Anders parlava della sua crisi. Anders le piaceva, ma la loro era un'attrazione dei tempi della scuola tornata recentemente in auge, e la considerava una cosa transitoria, un modo per passare il tempo, per tirare avanti, e riteneva di non avere molto da investire in quella nuova situazione, di essere al verde, dal punto di vista emotivo, anzi, piena di debiti, concentrata su se stessa, sulla propria sopravvivenza, e pienamente in diritto di darci un taglio, di dirgli che ora doveva andare e non rispondergli al telefono per un po', finché non avesse smesso di chiamarla, ed era quel che aveva intenzione di fare quando gli disse che doveva andare a fare lezione, ma si stupí di se stessa quando aggiunse, con voce stanca, che quella sera, dopo il lavoro, sarebbe passata a trovarlo.

E si stupí ancora di piú andandoci davvero.

In bicicletta dal suo posto di lavoro le ci volle meno di un quarto d'ora, e passò dalla parte piú prospera della città a quella piú povera, il cielo non ancora scuro, ma solo i benzinai, i bar, i ristoranti e i minimarket ancora aperti, non piú di un paio o di una manciata per tipo. La percentuale di vetrine vuote lungo il percorso andava aumentando, e le persone che probabilmente erano state sfrattate da quegli edifici fatiscenti ora se ne stavano appoggiate ai pali dei cartelli stradali sugli angoli oppure distese su cartoni in appezzamenti sgombri.

Anders la sua casa la chiamava la sua baracca, ed era piccola, una sola stanza, come un piano terra che avrebbe dovuto portare a un piano superiore che però non c'era. Oona bussò forte sulla porta sottile, anzi, ci picchiò sopra, poi entrò senza aspettare. Non era quasi mai chiusa. E voleva essere lei a vederlo per prima, la turbava meno l'idea di sorprenderlo mentre faceva qualcosa invece di aspettare che fosse lui a presentarsi a lei in quella nuova versione di se stesso osservandola per vedere come reagiva, ma alla fine Anders era in bagno, e quindi le toccò aspettarlo, e si sentí lo stesso a disagio.

L'appartamento era pulito e ordinato, ogni cosa al suo posto, non che Anders avesse molte cose, salvo i libri, ma di libri ne aveva una gran quantità, o comunque piú della maggior parte dei giovani uomini, e li teneva impilati contro le pareti, su scaffali semplicissimi, tavole di legno e mattoni di cemento, il che ricordò a Oona quanto da adolescente Anders fosse studioso e metodico, un lettore insolitamente entusiasta.

Quando lui comparve, rimase di stucco, non solo perché era piú scuro, ma perché era irriconoscibile, anche se aveva mantenuto piú o meno la stessa forma e la stessa statura. Anche l'espressione degli occhi era diversa, per quanto forse si trattasse di paura, da parte di lui, non da parte di lei, e solo quando Anders parlò, e lei udí la sua voce, Oona si convinse, nonostante lui gliel'avesse già detto, che era davvero lui.

– Visto? – le disse.

– Accipicchia, – rispose lei.

Anders si sedette sul divano, e dopo un attimo di esitazione lei andò a sedersi al suo fianco, e parlarono, e Oona sentiva che avrebbe voluto essere rassicurato, ma era restia a farlo, non voleva lasciarsi trascinare in quel ruolo per l'ennesima volta, e non voleva neanche mentirgli, perché non vedeva a cosa sarebbe servito, e cosí gli disse quello che pensava, senza peli sulla lingua, e cioè che lui sembrava un'altra persona, cioè, non solo un'altra persona, ma una persona di tipo diverso, completamente diverso, e che chiunque l'avesse visto avrebbe pensato lo stesso, ed era dura, ma le cose stavano cosí.

A Anders vennero le lacrime agli occhi, ma non pianse, riuscí a trattenere le lacrime sotto le ciglia, battendo le palpebre e increspando le labbra, e poi le chiese se voleva uno spinello, riuscendo addirittura a sfoggiare un sorriso, al che anche lei sorrise, un sorriso che era un rischio ma le sfuggí comunque, e rispose che sí, diamine, lo voleva.

Lui rollò la canna e fumarono, come spesso avevano fatto, e per un po' rimasero zitti, lasciandosi andare alla deriva, poi Anders indicò il letto con un cenno del capo e le chiese di restare, e Oona ci pensò su, osservandolo, ancora inquietata dal suo aspetto, e piú ancora dalla sua sofferenza e vulnerabilità, e quando lui si alzò e andò verso il letto, non lo seguí, non reagí in alcun modo, finché lui non cominciò a spogliarsi, e allora lei fece lo stesso, con circospezione, e si unirono con una certa prudenza, quasi come se l'uno fosse il cacciatore e l'altro la preda, anche se non era chiaro chi fosse l'uno e chi l'altra, e forse in qualche modo erano entrambi tutt'e due le cose, e fu cosí che quella notte fecero sesso.

Anders lavorava in una palestra e Oona insegnava yoga, e i loro corpi erano giovani e tonici, e se noi, scrivendo o leggendo, dovessimo indulgere in una sorta di piacere voyeuristico per il loro accoppiamento, forse potremmo essere scusati, perché anche loro stavano provando qualcosa di non molto diverso, e Oona, con la sua pelle chiara, si guardava nel congiungersi con un estraneo dalla pelle scura, e Anders, l'estraneo, guardava la stessa cosa, e per loro fu un'esperienza forte, viscerale, che li toccò molto, mentre inaspettatamente, o forse non cosí inaspettatamente, scoprivano una destabilizzante e inquietante soddisfazione nell'essere toccati.

Dopo provarono una curiosa sensazione di tradimento, che a tutt'e due impedí di dormire. Oona si alzò nel cuore della notte, si vestí, uscí senza una parola, slegò la bicicletta e se ne andò pedalando piú svelta che poteva. La via di Anders era buia, e anche in alcune delle strade principali lungo il percorso c'erano lampioni che non funzionavano, come denti mancanti. Se avesse previsto di restare fino a cosí tardi, o di andarsene cosí presto, Oona avrebbe preso la macchina.

Mentre pedalava resistette all'impulso di guardarsi alle spalle, o di guardare il pick-up che per un tratto le si accostò, e arrivata a casa portò la bici su per i gradini del portico, oltre i cartelli della sorveglianza di vicinato e delle guardie giurate, e per sicurezza fin dentro l'appartamento, e la lasciò nel corridoio, poi salí al piano di sopra, sentendo il respiro della madre, sparuti ansiti piú che un vero russare, e finalmente arrivò nella sua camera, che al pari di quella del fratello era rimasta come l'aveva lasciata quando se n'era andata di casa, e anche se al suo ritorno aveva tolto i poster e gli adesivi e i ricordi di scuola, sostituendoli con piante e fotografie e cose di lavoro, indicatori della sua vita adulta, quella stanza era ancora nella sua ossatura, e in quella di lei, la stanza di una bambina.

Al suo risveglio, Oona vide che Anders le aveva scritto un messaggio, e non rispose. Fece invece il saluto al sole, concentrandosi sull'equilibrio e su quella che a lezione chiamava la scioltezza, naturalezza e fluidità del movimento. Percepiva dentro di sé una resistenza, sia fisica sia mentale, una sorta di tensione o rigidità, da cui cercò di liberarsi attraverso la meditazione, ma i pensieri del giorno prima continuavano a intromettersi, e allora cercò di concentrarsi interamente nella preparazione della colazione per sé e la madre, muesli con frutta secca e burro d'arachidi, che la madre accettò con meraviglia e scuotendo il capo.

– Talmente sano che rischia di ammazzare qualcuno, – disse.

Oona inarcò un sopracciglio. – L'idea è questa, – rispose.

Dopo mangiato Oona controllò le medicine della madre, per il colesterolo, il diabete, la pressione, i coaguli nel sangue, la depressione e l'ansia, da prendere nel corso della giornata in svariate quantità e combinazioni. Un tempo la madre era alta quanto Oona, ma adesso era leggermente piú bassa, e pesava il doppio, e sembrava molto piú vecchia di quel che era, anche se ogni tanto, mentre sonnecchiava, il suo viso tornava indietro nel tempo e per un istante somigliava a quello di una bambina piccola.

– La gente sta cambiando, – disse la madre.
– Quale gente? – chiese lei.
– Tutta, – rispose la madre, e aggiunse in tono pregno di significato, – la nostra gente.

Era la solita manfrina, questa volta sui bianchi che tutt'a un tratto non erano piú bianchi, e Oona vide sul telefono la notifica di un altro messaggio di Anders, ma non lo lesse, e invece chiese alla madre come faceva a saperlo, e la madre disse, dalla rete, e lei disse che non doveva fidarsi della roba che trovava in rete, e sulle prime lo disse sinceramente, per abitudine, con voce ferma e convinta, ma già un istante dopo, quando lo ripeté dopo averci riflettuto, dovette sforzarsi di dare qualche sembianza di verità al suo tono.

Quando Oona e il fratello erano piccoli, la madre non era ancora una mitomane, o quantomeno il mito in cui viveva era molto diffuso, era la convinzione che la vita fosse giusta e tutto sarebbe andato bene e le brave persone come loro avrebbero avuto perlopiú quel che meritavano, con qualche eccezione, che per l'appunto era un'eccezione, una tragedia, ma dopo la nascita dei gemelli non aveva piú lavorato, e quando il marito era morto, inaspettatamente presto, nel fiore degli anni, le aveva lasciato soldi a sufficienza per tirare avanti, ma le aveva portato via quel mito, lasciandola sola ad affrontare la lenta perdita del figlio, in un mondo che se ne fregava e che diventava sempre peggio, sempre peggio e sempre piú pericoloso, un pericolo che ti cresceva intorno, bastava guardare la criminalità e le buche nelle strade e la gente stramba che si presentava alla tua porta quando avevi bisogno di qualcosa, un idraulico, un elettricista, qualcuno che ti aiutasse in giardino o per una qualunque altra cosa.

Adesso a Oona capitava di sentirsi madre di sua madre, o forse madre non era la parola giusta, forse andava bene anche figlia, dato che entrambe le parole significavano piú di quel che lei un tempo riteneva, avendo ciascuna due lati, un lato che consiste nel sostenere e l'altro nell'essere sostenuta, e alla fine le due parole si equivalevano, come quando lanci una moneta e conta solo quale delle due facce, testa o croce, esce per prima.

Oona ascoltò la madre in silenzio, sapendo che discutere significava incoraggiarla, e che infervorarsi significava perdere, e quando capí che non le avrebbe dato la soddisfazione di contraddirla, sua madre rivolse lo sguardo verso la stanza col grosso televisore, e Oona prese lo zainetto, afferrò la bici e andò alla porta.

– Sei cosí bella, – le disse la madre mentre usciva. – Dovresti procurarti una pistola.

Capitolo terzo

Quella settimana Anders si sentiva vagamente minacciato mentre girava per la città, cosa che faceva il meno possibile, e sebbene anche quello fosse un rischio teneva il cappuccio tirato su, il volto invisibile ai lati, e se avesse fatto piú freddo, in quelle splendide giornate di inizio autunno, avrebbe messo anche i guanti, ma con quella temperatura sarebbe stato ridicolo, perciò teneva le mani in tasca e uno zainetto appeso a una spalla per trasportare quel che era uscito a comprare, carta igienica o pane o un cavetto di riserva per caricare il telefono, cosí da poter tenere le mani il piú possibile nascoste, tirandole fuori dalle tasche solo per aprire una porta o effettuare un pagamento, un balenare di pelle marrone, come un pesce che guizza in superficie per reimmergersi subito dopo, consapevole dei pericoli dell'essere visto.

Le persone che lo conoscevano non lo conoscevano piú. Passava loro accanto in auto o sul marciapiede, e a volte si scostavano, e a volte, senza pensarci, si scostava anche lui. Nessuno lo picchiò o lo accoltellò o gli sparò, nessuno gli mise le mani addosso e neppure gli gridò piú contro come aveva fatto la donna in auto, almeno per il momento, e lui non capiva bene da dove venisse quel senso di minaccia, però lo provava, era forte, e ormai consapevole di essere un estraneo per persone che avrebbe saputo chiamare per nome, non cercò piú di guardarle in faccia, di lasciar indugiare il suo sguardo in modi che potessero essere fraintesi.

Quasi altrettanto inquietante del vedere persone che riconosceva era la sensazione di essere riconosciuto da persone che invece non conosceva, persone dalla pelle scura, con un mocio in mano o in attesa a una fermata dell'autobus o ammassate nel retro di un pick-up, ammassate, non riusciva a non pensarlo, come animali, non come esseri umani, come animali che venivano trasportati da una mansione a un'altra, da una postazione a un'altra, ed era davvero inquietante, il momento in cui un uomo dalla pelle scura lo guardava, lo guardava come se per un istante lo vedesse, e i loro sguardi si incrociavano, in un modo che non era né amichevole né ostile, ma era semplicemente il modo in cui si incrociano gli sguardi, gli sguardi delle persone, e quando accadeva lui si girava subito dall'altra parte.

Aveva rimandato il momento di dirlo a suo padre, non sapeva esattamente perché, forse perché suo padre gli era sempre sembrato un po' deluso da lui e quella notizia ne avrebbe alimentato la delusione, o forse perché suo padre aveva già abbastanza grattacapi e non voleva dargliene altri, o forse perché, finché non l'avesse detto a suo padre, sarebbe stato come se non fosse successo davvero, Anders avrebbe continuato a essere Anders, almeno lí nella casa dov'era cresciuto, mentre se glielo avesse detto tutto sarebbe diventato diverso, irreparabilmente diverso, ma, quale che fosse il motivo, aspettò, aspettò e infine glielo disse.

Glielo disse al telefono, e fu una cosa codarda, ma non riusciva a immaginarsi di passare a dirglielo di persona, e magari suo padre non gli avrebbe nemmeno creduto, e poi era stato cosí che l'aveva detto a Oona, per telefono, e cosí fece anche con suo padre, che la prima volta riagganciò, e la seconda gli chiese se era strafatto, se pensava di essere divertente, e quando a entrambe le domande Anders rispose di no, suo padre gli chiese, con una durezza nella voce, una durezza che lui ben conosceva, se gli stava dando del razzista, al che lui rispose, assolutamente no, e allora il padre disse, fatti vedere, furbacchione, vieni qui e fatti vedere, se hai il coraggio.

Il padre l'aveva picchiato una volta sola, l'aveva colpito parecchie altre volte, ma una volta sola l'aveva picchiato davvero forte, perché per molto tempo la madre gliel'aveva proibito, e quella volta l'aveva picchiato perché lui si era comportato in modo imprudente con un fucile carico, facendo partire un colpo per sbaglio, si era comportato in modo imprudente pur essendo stato ripetutamente avvertito, e all'epoca Anders era di due teste piú basso di suo padre, e suo padre, pensava lui, aveva fatto bene a picchiarlo, ma quelle botte non se le era piú dimenticate, quella lezione non se l'era piú dimenticata, ed era proprio questo il punto, un'arma da fuoco era una pietra miliare lungo la strada che portava alla morte, e in quanto tale doveva essere rispettata, come una bara o un sepolcro o un pasto d'inverno, non la si poteva prendere sottogamba, e, mentre andava in macchina da suo padre, sebbene ora fosse piú alto e piú robusto di lui, per qualche motivo ora quelle botte erano in cima ai suoi pensieri.

Il padre di Anders era un capomastro, smunto e malato fin nel profondo delle ossa, malato fin nelle budella, ma non si fidava dei medici e rifiutava di vederli, e i suoi occhi chiari bruciavano come se avesse la febbre, o come se stesse covando un omicidio, erano cosí da quando la madre di Anders era morta, o da quando si era ammalata e si era capito che non sarebbe guarita, o forse da prima ancora, Anders non ne era sicuro, ma per quanto smunto teneva la schiena dritta e aveva avambracci come funi intrecciate, e riusciva a trasportare pesi pazzeschi senza neanche barcollare, con quel tipo di forza per cui le cose si fanno e basta, una forza terrificante, se Anders doveva essere sincero, e il padre lo stava aspettando sui gradini di casa, e fissava suo figlio, il figlio che tanto gli aveva ricordato sua moglie, non perché fosse delicato come la madre, ma perché era piú gentile del dovuto, e si perdeva troppo facilmente nel mondo dei sogni, e aveva la stessa grazia che aveva lei, era del suo stesso stampo, e ora, mentre vedeva suo figlio, mentre guardava Anders che si avvicinava, tutto era sparito, lei era sparita, e quel ragazzo, che rendeva difficili anche le cose facili, che non aveva ancora trovato la sua strada, quel ragazzo, lo vedeva, avrebbe sofferto, e sua madre non c'era piú, in lui non ne era rimasta traccia, e allora il padre restò lí, con una sigaretta in bocca, una mano avvinghiata alla manica del figlio, l'altra rigida lungo un fianco, e pianse, un pianto che era come un brivido, come un interminabile attacco di tosse, senza emettere suono, fissando l'uomo che era stato Anders, finché il figlio non lo portò dentro, e finalmente si sedettero.

Nel suo giorno libero, Oona andò nella metropoli a trovare un'amica, la metropoli dove aveva studiato e cominciato una vita poi interrotta, o abbandonata, non sapeva quale delle due, un tempo pensava la prima, ma era realista, e sapeva che ogni mese passato lontano dalla metropoli rendeva piú difficile tornarci, lo sapeva, era cosí che andavano le cose, era il prezzo che dovevi essere pronta a pagare, e lei era pronta, quasi del tutto pronta, e stava pagando quel prezzo, però la metropoli le mancava, le mancava moltissimo, soprattutto quel giorno, durante le tre ore del viaggio in macchina, mentre ne ascoltava il richiamo.

Attraversare il ponte e le acque possenti, e vedere i grattacieli, era come entrare in un altro mondo, era come diventare un'altra Oona, e avrebbe dovuto essere impossibile accostare e scendere dall'auto in quelle strade che conosceva cosí bene, invece non lo era, e cosí fece una passeggiata nel parco del suo vecchio quartiere, e passò a prendere del vino nella sua vecchia bottiglieria e vide le luci che sul far della sera cominciavano ad accendersi, e poi si ritrovò nel minuscolo appartamento dell'amica, e il vino era aperto, e la città era là, fuori dalle finestre, e volendo lei e la sua amica avrebbero potuto fingere che il tempo non fosse passato.

Ma parlarono, e Oona non avrebbe voluto parlare di suo fratello, ma l'amica le chiese di lui, e lei rispose, e l'atmosfera cambiò, ed era di nuovo adesso, non allora. Dovevano mangiare, e allora uscirono, e mentre mangiavano bevvero, e il loro umore si fece meno greve, e andarono in un bar dove Oona non era mai stata, e bevvero ancora, e dei ragazzi le puntarono, e c'era musica, e ballarono, e c'era un corpo vicino al suo, e qualcuno che la toccava attraverso il vestito, e una proposta, e un ritmo comune, e il dubbio se andare o no a casa con lui, piú che il dubbio la sensazione dell'insorgere di qualcosa, l'insorgere del desiderio, ma c'era anche la stanchezza, la stanchezza e una scusa pronta, il lavoro l'indomani mattina presto, e poi ci fu un sonno agitato, nel sacco a pelo dell'amica su un tratto di pavimento sgombro, e la sveglia all'alba, lei che non aveva mai avuto bisogno di una sveglia, e poi l'autostrada, dopo un grande caffè al posto del suo consueto rituale mattutino, e un cielo color sangue, la mente dolorante e piena di cose, la musica bassa, mentre correva per arrivare in tempo alla lezione di mezzogiorno, e insegnare, scavare in se stessa per riuscirci, a insegnare.

Quella settimana Anders le scrisse qualche messaggio, e lei rispose a intermittenza, quanto bastava perché lui facesse un altro tentativo un paio di giorni dopo, e per non sembrare del tutto indifferente, anche se il fatto stesso di messaggiare con lui le pareva assurdo, e perciò stava attenta a non rispondere subito per non dare l'impressione di essere piú a suo agio in quella situazione di quanto non fosse, dato che non era per nulla a suo agio.

In tutto il Paese cominciarono a diffondersi notizie di gente che stava cambiando, notizie considerate sulle prime senza fondamento, e prese, giustamente, sottogamba, ma in seguito rilanciate da alcune voci attendibili come eventi da verificare, poi verificati, che a quanto pareva stavano succedendo davvero.

Quando una sera sua madre la chiamò dal piano di sotto per dirle che ne stavano parlando alla televisione, che proprio in quel momento, al notiziario, stavano intervistando qualcuno che aveva smesso di essere bianco, e poi, quando le si mise accanto, disse, lo vedi, lo vedi, questa è la prova, Oona guardò e dopo un po' uscí dalla stanza e telefonò a Anders.

Dietro la casa si vedeva la luna, quasi piena, una luna col pancione, la chiamava suo padre, e il cielo era pieno di stelle, e c'era Giove, luminoso, e Saturno, un po' meno, e lei seguí il loro arco cercando Marte, ma c'erano degli alberi davanti e Marte non si vedeva, e non vedendo Marte le venne da pensare a quant'era gelido lo spazio, a quant'era disumano, un vuoto senza vita, morto, come suo padre, e come suo fratello che lo aveva seguito, che non si era mai emancipato da lui, e quella concatenazione di pensieri le fece mollare gli ormeggi, e la Terra divenne un ancoraggio meno sicuro, il contatto con l'erba sotto i piedi divenne meno saldo, e Oona sentí la pressione della loro assenza, di suo padre e suo fratello, la pressione del niente che se li era presi, che ci prende tutti, e com'è possibile che ci prenda tutti, che ci annienti, e poi uno squillo, uno squillo che s'interruppe, e Anders rispose.

Anche lui aveva guardato il notiziario.

– A quanto pare non sei l'unico, – disse lei.

– A quanto pare no, – rispose lui, pacatamente.

– Come ci si sente? – chiese lei.

Lui fece una lunga pausa. – Non peggio, – disse. E il modo in cui lo disse a lei parve un invito.

Capitolo quarto

Al suo capo, Anders spiegò la situazione, che non era unica, e nemmeno contagiosa, per quanto se ne sapeva, e dopo una settimana tornò alla palestra, e il suo capo lo aspettava all'ingresso, piú grosso di come lo ricordava, anche se ovviamente era sempre grosso uguale, e il capo lo guardò e disse, io mi sarei ammazzato.

Non sapendo cosa rispondere, Anders fece spallucce, e il capo aggiunse, se fosse capitato a me.

Malgrado la puzza di sudore, la palestra era vuota, essendo presto, le rastrelliere d'acciaio e le piattaforme col piano in legno e le panche con gli squarci nell'imbottitura tappati col nastro adesivo ancora non occupate, e loro due si misero ad allenarsi ciascuno per conto proprio, e il capo di Anders manovrava enormi bilancieri nella gabbia per lo squat, possente, i gomiti come ginocchia, le ginocchia come teste, la faccia paonazza per la rabbia, come gli capitava ogni volta che sollevava pesi, e a Anders tornò in mente la volta, qualche mese prima, in cui il suo capo per poco non aveva aggredito uno che gli aveva rivolto la parola a una gara, rivolto la parola nel momento sbagliato, mentre lui era nella sua zona, la zona di barbarie in cui si rinchiudeva subito prima di una prova, perché seppure di mezza età il suo capo faceva ancora sul serio, gareggiava nelle categorie superiori, e Anders ricordava come avevano dovuto trattenerlo in quattro, con grande difficoltà, quattro uomini robusti, molto piú robusti di Anders, e lui era lí, al suo fianco, non per gareggiare ma solo per fare il tifo, e quell'episodio, che aveva qualcosa di primordiale, di perturbante, l'aveva messo a disagio, e tornò a pensarci in quel momento, quando fra un bilanciere e l'altro il suo capo faceva una pausa, faceva una pausa e lo scrutava mentre sollevava i suoi pesi, pesi che erano rimasti gli stessi di prima, né piú né meno, il che in un certo senso era rassicurante, perché almeno quello non era cambiato, ma si chiese se il suo capo la vedesse in modo diverso, dato che lo guardava con quell'intensità, come se si aspettasse che anche la quantità di pesi che riusciva ad alzare fosse diversa, visto che lui era diverso, o forse Anders se lo stava solo immaginando, ma in ogni caso si sentí sollevato quando entrò il primo cliente e si ritrovarono in tre, non piú in due.

Col procedere della giornata, la palestra si riempí e senza volerlo Anders cominciò a notare degli sguardi, sguardi rapidi, fugaci, man mano che si spargeva la voce che lui, quel tizio scuro, era Anders, era stato Anders, e cercò di far finta di niente, perché alla palestra lui era popolare, era la persona a cui ti rivolgevi quando avevi male a un ginocchio, o quando non riuscivi piú ad alzare il braccio sopra la testa, o quando ti eri spinto troppo in là, quando sentivi che i dolori di una vita avevano la meglio su di te, il che accadeva spesso, perché quella era una palestra dura e pura, una palestra tosta, dove gli uomini, di solito erano solo uomini, sfidavano la forza di gravità coi bilancieri, non un posto tirato a lucido con macchinari cromati, e i clienti lí dentro ci invecchiavano, e ci davano dentro non come se si stessero allenando ma con un tremendo accanimento, e quindi apprezzavano Anders, che gli habitué chiamavano doc, per dottore, perché con gli anni era diventato esperto nel rimettere insieme i corpi, e leggeva tutto quel che trovava, era una specie di zelante ed erudito aggiustaossa, e quindi in quella palestra la gente lo apprezzava, lo apprezzava un sacco, o almeno cosí era stato, perché ora non sembrava piú esattamente cosí, la gente non sembrava piú del tutto a proprio agio, sembrava, a dirla tutta, a meno che Anders fosse paranoico, e magari lo era, sembrava un po' tesa.

Anders si disse che quegli sguardi erano naturali, chiunque avrebbe fatto lo stesso, anche lui avrebbe fatto lo stesso, non era una situazione normale, dopotutto, e per rassicurare la gente, e per rassicurarsi anche lui, cercava di fare il simpatico come al solito, di essere, per cosí dire, se stesso, di comportarsi innegabilmente come se stesso, ma era piú difficile di quanto avesse immaginato, anzi impossibile, perché cosa c'era di piú distante da se stesso, di piú goffo, del cercare di essere se stesso, e lo stava disorientando, quell'artificialità, ma non sapeva con cosa rimpiazzarla, e allora cominciò a imitare gli altri, a copiare il modo in cui parlavano e camminavano e si muovevano, e il modo in cui tenevano la bocca, come se stessero recitando, e anche lui cercava di recitare, e che cosa recitassero non lo sapeva, ma qualunque cosa fosse non bastava, oppure lui non la sapeva recitare abbastanza bene, perché la sensazione, profondamente frustrante, di essere osservato, di essere tagliato fuori e sorvegliato da chi invece era dentro, di stare incasinando le cose, non lo abbandonò per tutto il giorno.

Oona trascorse quella giornata alla scuola di yoga, frequentata da clienti molto diversi da quelli di Anders, in prevalenza donne, donne se non ricche, comunque piú ricche della media, e piú istruite, impegnate a contrastare l'invecchiamento restando flessuose e relativamente snelle, in un ambiente da cui gli odori umani erano banditi, e dominavano quelli estratti dalle piante, forse a suggerire, pensava Oona, il ciclo naturale della vita, o al contrario, a ben pensarci, l'immortalità, come una foresta di sequoie, alberi che possono vivere quasi per sempre.

Oona era l'ultima arrivata fra le insegnanti della scuola, ed era molto richiesta perché era diligente e talentuosa, e perché aveva il fisico giusto, il tipo di corpo a cui le sue clienti attribuivano autorevolezza, e se non era piú di tanto cordiale, quantomeno non era scostante, il che era già abbastanza, considerata la recente tragedia famigliare di cui le frequentatrici abituali della scuola erano ben informate.

A differenza di Anders, Oona non sapeva se voleva che quel lavoro diventasse la sua carriera. Insegnare yoga era una cosa che aveva cominciato a fare come attività secondaria, ma quale avrebbe dovuto essere l'attività principale non l'aveva mai deciso, non avendo trovato nella grande città un vero mestiere duraturo, o una vocazione a cui si sentisse indiscutibilmente chiamata, dopo aver tentato con la recitazione, con la scrittura e anche con una start-up, ma senza grande successo, e per un periodo aveva anche cercato di monetizzare se stessa attraverso i social, postando immagini della sua giornata e delle sue pratiche e della sua vita, ma per quanto fosse seguita, non era seguita a sufficienza, e si era chiesta se dipendesse dal fatto che non era abbastanza avvenente, o non abbastanza brava con la fotografia, o se sembrava falsa, se il suo essere falsa era meno celato di quello degli altri, e sebbene migliaia di sconosciuti sembrassero guardarla volentieri, non erano centinaia di migliaia, o milioni, e nemmeno le decine di migliaia che avrebbero rappresentato un vero passo avanti, e pareva che non lo sarebbero mai diventati, e il fatto di passare il tempo a promuovere se stessa le aveva in parte sottratto l'autentica soddisfazione che lo yoga le aveva sempre procurato, e quando suo fratello era morto aveva smesso di postare, e ora non aveva piú alcuna voglia di farlo, anche se non aveva cancellato il suo account, l'aveva lasciato lí e basta, una porta da cui eventualmente riaccedere a quella ricerca della celebrità che poteva diventare una droga, un po' come una sigaretta nella casa di qualcuno che ha smesso di fumare, e si mantiene fedele al suo proposito, ma ha ancora un debole per la parte di se stesso che aveva un debole per il fumo.

Quella sera, dopo il lavoro, Oona pedalò fino a casa e cenò con la madre, e la madre non mangiò quasi nulla, il che significava che probabilmente aveva già mangiato, anche se lo negò, lo negò con un tono querulo che faceva pensare che invece fosse vero, e si lamentò dei dolori, l'unica cosa che lei e Oona avevano deciso di comune accordo di non curare con farmaci potenti, visto ciò che quei farmaci avevano fatto al fratello di Oona, però bevvero tutt'e due un bicchiere di vino, e poi Oona preparò un bagno alla madre, con candele e sali effervescenti, e la aiutò a entrare nella vasca per assicurarsi che non cadesse di nuovo, dato che per lei fare il bagno era piú insidioso che fare la doccia, e la madre aspettò che uscisse prima di togliersi la vestaglietta, mentre quando Oona era bambina si spogliava e faceva il bagno davanti a lei senza il minimo problema, un'inedita pudicizia frutto dell'orrore, e quando ebbe finito Oona si sedette accanto al suo letto e le massaggiò i piedi morbidi e ruvidi con una lozione, poi sgattaiolò via, fiduciosa che la madre avrebbe dormito, cosa che la notte prima non era riuscita a fare, se non per un paio d'ore di sonno agitato, e quando due minuti dopo andò a controllare stava davvero dormendo, il rumore era inconfondibile, brevi e sporadici ansiti, una vittoria, e Oona avrebbe dovuto essere pronta anche lei per andare a letto, ma non lo era, era fuori fase, scombussolata, cosí non andò a dormire, scese di sotto, prese la macchina e passò da Anders senza avvisarlo.

Non sentiva di voler essere toccata, di volere uno sfogo fisico, sentiva di volere qualcos'altro, forse compagnia, sí, la compagnia di Anders, starsene con lui, con lui che la capiva, e semplicemente essere.

Mentre era ferma a un semaforo rosso, ciò che era accaduto a Anders quasi le fece cambiare idea, ma non tornò indietro, e poi arrivò, e come sempre la sua porta non era chiusa a chiave, e dopo aver bussato un paio di volte entrò, ed eccolo lí, l'uomo dalla pelle scura, l'uomo dalla pelle scura che era stato Anders, e lei l'aveva già visto una volta, quell'uomo dalla pelle scura, ci aveva addirittura fatto sesso, cosa bizzarra a pensarci ora, ma era come se lo vedesse per la prima volta, come se fosse uno sconosciuto, e dovette sforzarsi per vedere Anders in lui, per vedere che quello era Anders, l'Anders che lei ben conosceva, con cui nei mesi passati aveva trascorso molte notti, era quello l'Anders che stava scrivendo sul vecchio e tozzo computer che teneva in grembo, l'Anders che alzò gli occhi su di lei e le rivolse un sorriso che lei non riconobbe, non su di lui, non ancora, ma un sorriso che non alimentò la forza che la stava erodendo, un sorriso che bastava a se stesso e non chiedeva niente.

Ascoltarono musica e fumarono uno spinello, Anders sul divano e Oona sul pavimento, e la distanza e la diversa altezza a cui si trovavano impedivano loro di toccarsi involontariamente, se non quando si passavano la canna, e le dita sfioravano le dita, e parlarono un po' ma non troppo, e Anders era sorpreso e contento di averla lí, ma anche preoccupato dalla sua presenza, preoccupato dalla facilità con cui avrebbe potuto perderla, e da ciò che significava preoccuparsene, e Oona non sapeva che stava aspettando quel momento, ma a quanto pareva era cosí, perché cominciò a parlare, e una volta cominciato, per molto tempo non smise.

Gli raccontò una storia di girini, di spedizioni allo stagno per raccoglierli, lo stagno vicino a quella che chiamavano la cascata, una scarpata di cemento alta circa come un adulto, da cui se era piovuto zampillava un torrente impetuoso, e se non era piovuto scendeva appena un rivolo d'acqua, e nello stagno c'erano dei girini, che a suo fratello piaceva catturare con un retino da acquario, ma all'inizio c'era solo la gelatina puntinata delle uova, e poi il contorcersi di minuscole forme, e poi la volta successiva veri girini, ma loro due aspettavano ancora, aspettavano che cominciassero a crescere le zampe anteriori, che comparissero le prime protuberanze, i primi monconi, ed era quello il momento in cui al fratello piaceva prenderli, sempre una coppia, che chiamavano lui e lei, anche se non sapevano se erano davvero un lui e una lei, e non riuscivano a distinguerli, e li prendevano in quel momento perché a quello stadio erano piú interessanti, e li potevano osservare a casa in una bacinella riempita con l'acqua dello stagno, le zampe anteriori che crescevano, le code che si accorciavano, con l'idea di riportarli indietro prima che le code sparissero, prima che diventassero rane e annegassero nella bacinella, un piano ben pensato che però non funzionò mai, neanche una volta in tutte le occasioni in cui ci provarono, cosa che adesso suona orribile, ma che all'epoca era solo triste, eravamo tristi per loro, come se non fosse colpa nostra se morivano, e con questo Oona concluse, e una volta concluso si alzò e si toccò la guancia, pensando di trovarla bagnata, ma non c'erano lacrime, e la sua voce era ferma, perciò capí di non aver pianto, e se ne andò salutando Anders con un piccolo cenno della mano.

Capitolo quinto

Il capo di Anders aveva detto che lui si sarebbe ammazzato, e la settimana dopo un uomo in città fece proprio cosí, e Anders seguí la notizia sulla stampa locale, o meglio in rete nella sezione regionale di un giornale a larga diffusione, dato che il quotidiano locale aveva chiuso da tempo, e quell'uomo si era sparato davanti a casa, i vicini avevano sentito ma non assistito allo sparo e avevano chiamato la polizia, pensando che fosse stato un atto di legittima difesa, e che il corpo che giaceva in mezzo alla strada fosse quello di un rapinatore, ucciso con la sua stessa arma dopo una colluttazione, ma il padrone di casa non era presente, e non lo si trovava da nessuna parte, e poi furono verificati la fede, il portafoglio e il telefono trovati sul cadavere, e anche i messaggi che erano stati inviati, e gli esperti trassero le loro conclusioni, ovvero che in effetti un uomo bianco aveva sparato a un uomo dalla pelle scura, ma l'uomo dalla pelle scura e l'uomo bianco erano la stessa persona.

L'atmosfera in città stava cambiando, piú in fretta della carnagione degli abitanti, perché per il momento Anders non aveva notato alcun vero mutamento nel numero di persone scure per strada, o se anche l'aveva notato non ne era sicuro, dato che a quanto pareva le persone cambiate erano ancora molto rare, ma l'atmosfera sí, quella stava cambiando, e gli scaffali dei supermercati erano piú sguarniti, e di notte le strade erano piú deserte, e nel giro di poco le giornate erano diventate piú brevi e piú fredde, le foglie di un verde non piú cosí intenso, e se anche quei mutamenti stagionali corrispondevano al normale andamento delle cose, a Anders il normale andamento delle cose sembrava ora piú carico di tensione.

Al lavoro Anders era diventato piú silenzioso, meno sicuro di come le sue azioni sarebbero state percepite, e ora gli sembrava di essere un personaggio secondario sul set della trasmissione televisiva in cui veniva messa in scena la sua vita, però non aveva del tutto perso la speranza di riottenere il suo ruolo precedente, la sua precedente centralità, o se non la centralità quantomeno un ruolo un po' meno marginale, e di conseguenza fu quasi entusiasta quando sentí dire che anche uno degli habitué della palestra era cambiato, anzi ne fu decisamente entusiasta, e aspettava con trepidazione che si facesse vedere, perché a quel punto non sarebbe piú stato l'unico, entusiasta finché l'uomo non arrivò all'ora prevista, un uomo scuro riconoscibile solo dalla giacca, e rimase lí a guardarsi intorno, a guardare quelli che lo guardavano, e poi se ne andò senza una parola, come uno che non intende tornare, anzi, è ben deciso a non tornare.

La madre di Oona era attiva in rete, e ascoltava la radio, e guardava i notiziari, ed era arrivata a convincersi di essere addentro alle cose, una degli eletti, una di coloro che capivano il complotto, il complotto che sua figlia considerava un'assurdità, un complotto che veniva preparato da anni, da decenni, forse da secoli, il complotto contro la loro gente, sí, la loro gente, checché ne dicesse sua figlia, perché la loro gente apparteneva all'unico popolo che in quel Paese non aveva il diritto di essere considerato un popolo, e non erano rimasti in molti, e adesso si era arrivati al dunque, il momento era giunto, e lei aveva paura, perché non poteva farci nulla, ma fra loro c'era chi sarebbe insorto, sarebbe insorto e l'avrebbe protetta, e lei doveva confidare in loro, ed essere pronta, essere pronta, meglio che poteva, a difendersi, e soprattutto a difendere sua figlia, sua figlia che era il futuro, era il futuro di ogni cosa, perché senza sua figlia, senza tutte le loro figlie, sarebbero stati perduti, un campo senza germogli, senza virgulti, senza vita, un deserto, una distesa di sabbia infestata da lucertole venute da lontano, e strani cactus dove un tempo crescevano abbondanti raccolti, e lei non avrebbe voluto vivere in tempi come quelli, la spaventavano, ne era terrorizzata, ma quello era il suo destino, come quello dei suoi antenati era stato vivere in epoche di guerra, pestilenza e calamità, e doveva mostrarsi degna delle sue radici, e farsi forza e tirare avanti, per sua figlia, per se stessa, per la sua gente, e fare quel che andava fatto.

Servivano provviste, e aveva già temporeggiato troppo a lungo, e comprato troppo poco, comprato troppo poco perché aveva troppo pochi soldi, dato che il marito gliene aveva lasciati giusto il necessario, e in certi anni sembrava che sarebbero finiti prematuramente, e in certi anni sembrava che sarebbero durati, ma senza margini di errore, e ogni anno lei ci stava attenta, rammendandosi i vestiti, lesinando sul riscaldamento, comprando roba in offerta, evitando spese superflue, se non raramente, molto raramente, quando non poteva evitarlo, come col televisore, che era piú grande di quanto strettamente necessario ma cosí importante che lei si era concessa quel lusso, e comunque l'aveva acquistato di seconda mano, in garanzia, da un negozio che forniva un'assistenza, e ora aveva bisogno di provviste, che durassero a lungo, e sarebbero costate parecchio, e avrebbero mandato all'aria, completamente all'aria, il suo bilancio, e per questo aveva temporeggiato, ma sapeva di non poter piú temporeggiare.

Oona cercò di dissuaderla, di dirle che comprare qualcosina in piú era sensato, ma comprare cosí tanto no, cosí tanto era troppo, e le loro discussioni si fecero piú accese, e quando l'accompagnava agli ipermercati fuori città dove si poteva comprare all'ingrosso, non le permetteva di ascoltare le stazioni radio che voleva ascoltare, e cercava di riportarla alla realtà, e le venne qualche dubbio sulla sanità mentale della madre, e anche sulla propria, perché la madre era convinta, e non c'era modo di dissuaderla, e la sua convinzione era rafforzata dalle file di acquirenti che evidentemente la pensavano come lei, e dal fatto che i prodotti si stessero esaurendo, non solo il cibo ma anche batterie, bende, farmaci e molto altro, e piú sua madre comprava, piú Oona comprava insieme a lei, e piú era allarmata, piú le venivano dubbi, e si sentiva incerta, si sentiva meno sicura che sua madre si sbagliasse, meno capace di escludere con certezza che non fosse in arrivo, cosa pazzesca, pazzesca ma forse percepibile nell'aria, forse imminente, anche se non era possibile che fosse davvero imminente, una grande, una spaventosa tempesta.

Oona e Anders andarono a fare una passeggiata, e Oona gli parlò della fissazione della madre sull'essere preparata e delle loro recenti spedizioni agli ipermercati, e degli accaparramenti a cui aveva assistito, di come la gente stesse accumulando provviste, e Anders disse che forse anche lui avrebbe dovuto fare un po' di scorte, che forse ci sarebbero stati disagi, però sperava che le cose si sarebbero sistemate, e le chiese se pensava che si sarebbero sistemate, e lei disse di sí, e poi disse che a quel punto non lo sapeva piú, e lui disse che neanche lui lo sapeva piú, pensava che sarebbe passato tutto alla svelta, ma ad essere sincero non lo sapeva.

Stavano camminando lungo un fiumiciattolo, un fiumiciattolo che scorreva accanto al loro vecchio liceo, e in quel periodo, in autunno, era quasi in secca, e zigzagavano sul terreno accidentato fra un parcheggio e l'acqua, sulla riva opposta rispetto alla scuola, su un sentiero di ghiaia cosparso di spazzatura e bottiglie rotte, e a Anders quel posto piaceva, anche se di per sé non aveva grandi attrattive, perché gli ricordava quando andava lí a farsi le canne e sbronzarsi con amici coi quali gli sarebbe piaciuto non aver perso i contatti, e anche a Oona piaceva, perché ci andava a camminare col fratello quando tagliavano da scuola, e proprio in quel momento il sole tramontò, e le alte piante lacustri, le stiance, ondeggiavano al vento, che trasportava un freddo pungente, ma loro erano vestiti a sufficienza, Anders e Oona, erano preparati, e quel vento non era affatto male.

Oona sentiva sul viso il freddo che le risvegliava la pelle, e continuarono a camminare, e poi Anders disse che non era sicuro di essere ancora la stessa persona, all'inizio sentiva di essere sempre lui sotto la superficie, chi altro avrebbe potuto essere, ma non era cosí semplice, e il modo in cui reagisce la gente intorno a te cambia ciò che sei, la persona che sei, e Oona disse che capiva, che era come imparare una lingua straniera, e quando cerchi di parlare una lingua straniera perdi il tuo senso dell'umorismo, non riesci piú a essere spiritosa come prima, e Anders disse che lui non sapeva nessuna lingua straniera, che per lui era già stato abbastanza difficile imparare a leggere e scrivere nella loro, di lingua, e rise, e lei rise con lui, e lui disse, però lo capisco cosa intendi, sí, è proprio cosí.

Da qualche parte in lontananza un grosso camion prese una buca, e mentre l'eco del cupo rimbombo si spegneva, Anders disse che un uomo delle pulizie scuro di pelle lavorava la sera alla palestra, e Anders l'aveva sempre trattato con gentilezza, ma da quando lui era cambiato, l'uomo delle pulizie aveva cominciato a guardarlo in modo diverso, e a Anders la cosa non era piaciuta, però l'aveva fatto riflettere, e si era reso conto che alla palestra l'uomo delle pulizie era l'unico che non si allenava mai, ed era piccolo, e chissà se era quello il motivo per cui l'avevano assunto, perché era piccolo in un luogo in cui era importante essere grossi, e chissà se nel posto da cui veniva aveva una famiglia, o se era solo, e chissà perché lui quelle cose non gliele aveva mai chieste, e chissà perché il modo diverso in cui lo guardava gli dava fastidio, il modo in cui lo guardava come se adesso potesse parlargli, ma lui non gli aveva ancora parlato, se non per i soliti ehi ciao come va, e aveva deciso che gli avrebbe parlato, finalmente dopo tutti quegli anni, avrebbe smesso di trattarlo con gentilezza, che poi non significava trattarlo davvero con gentilezza, ma come un cucciolo, un cagnolino, a cui dai un paio di pacche e dici bravo ragazzo, e invece ora gli avrebbe parlato, e ascoltato quel che aveva da dire, non perché lui fosse diventato migliore di prima, ma perché non la vedeva piú alla stessa maniera, e perché probabilmente l'uomo delle pulizie gli avrebbe spiegato alcune cose, e probabilmente lui avrebbe avuto qualcosa da imparare.

Non c'erano piú zanzare, e neanche libellule, l'aria sopra il ruscello mondata dagli insetti, mondata adesso che era autunno, e in alto sopra le loro teste c'erano uccelli che volavano verso climi piú caldi, ed era il tipo di giornata in cui quasi si sentiva il movimento del pianeta, la sua inclinazione e rotazione, il suo non stare mai fermo, il suo essere inarrestabile, il suo trasformare ogni mattina in un pomeriggio.

Oona lanciò un'occhiata a Anders e si disse che a volte le sembrava normale e a volte le sembrava strano, ne aveva una percezione altalenante, come quando guardi uno schermo televisivo non sintonizzato, uno schermo che mostra le scariche dell'elettricità statica, e dopo un po' cominci a distinguere delle immagini, immagini bizzarre come serpenti o onde o montagne, anzi no, non era cosí, perché ad alterarsi da un momento all'altro non era tanto la sua faccia quanto la percezione che ne aveva lei, piú come quando annusi un cartone di latte e senti che è andato a male ma poi, se un attimo dopo ne bevi un sorso, scopri che è ancora buono.

Era un giorno libero per tutt'e due, perché senza

pensarci troppo avevano fatto in modo che i loro giorni liberi coincidessero, desiderosi com'erano di vedersi alla luce del sole, in un posto che non fosse casa di Anders, senza le pressioni e le complicazioni di un letto vicino. Non era un giorno di vacanza, però sulla riva opposta c'erano degli studenti, e uno fumava, mentre un altro faceva rimbalzare dei sassi sull'acqua, e i ragazzi non fissarono Anders e Oona quando si avvicinarono, però li guardarono, e quei ragazzi erano tutti piú o meno dello stesso colore, mentre Anders era scuro e Oona era chiara, e in quel momento Anders e Oona divennero intensamente consapevoli della differenza fra loro, e il ragazzo che stava facendo rimbalzare i sassi non smise di farlo, e i sassi sottili e affilati che lanciava non erano necessariamente tondi, e alcuni andavano piú lontani di altri, e uno sarebbe potuto arrivare fin da Anders e Oona, e finire sul sentiero mentre camminavano, ma nessuno di quei sassi li colpí, o arrivò particolarmente vicino, e Oona non sapeva se fosse stato un caso o una scelta, e Anders tenne lo sguardo fisso davanti a sé, senza incrociare quello dei ragazzi, senza protestare per i sassi, che continuarono a essere lanciati, cosa che non sarebbe dovuta succedere, stante il rischio di errore o di fraintendimento.

Parte seconda

Capitolo sesto

C'erano vampate di violenza in città, una rissa qui, una sparatoria là, e il sindaco invitò ripetutamente a mantenere la calma, ma per le strade avevano cominciato a comparire miliziani, miliziani dalla pelle chiara, alcuni vestiti come soldati in uniforme da combattimento, altri a metà, con pantaloni in stile militare e giacche da civili, e altri vestiti come cacciatori, in tinte silvestri, o in jeans e giubbotti tattici, ma in ogni caso, quale che fosse il loro abbigliamento, tutti visibilmente armati, e quanto alla polizia, la polizia non faceva nessun vero tentativo di fermarli.

I miliziani ignoravano Oona quando le capitava di incrociarli. Non la infastidivano piú di quanto normalmente un gruppo di uomini infastidisca una donna sola, anche meno, forse perché era bianca, o perché presumevano che stesse dalla loro parte, dato che non indossava nessuna spilla o altro segno del suo disaccordo e teneva la bocca chiusa, ma ai tempi del liceo e dell'università le era capitato di indugiare fino a tardi a qualche festa dove la gente si ubriacava, quindi conosceva la sensazione che i miliziani le trasmettevano, la sensazione che nasceva dal fatto che loro erano insieme mentre lei era da sola, e dalla consapevolezza che la sua posizione poteva cambiare in un batter d'occhio, e cosí non girava piú in bicicletta, ma in auto, e quegli uomini la spaventavano.

Invece sua madre sembrava decisamente entusiasta, su di giri, come se avesse aumentato il dosaggio dei farmaci per l'umore e il suo corpo non ci avesse ancora fatto l'abitudine, e Oona non la vedeva cosí contenta da prima che morisse suo fratello, forse addirittura da prima che morisse suo padre, e sembrava che ora nel mondo tutto andasse bene, e il pianeta muovesse nella giusta direzione, e che giustizia sarebbe stata fatta, e il futuro sarebbe stato roseo, e c'erano di nuovo, dopo un'infinità di tempo, buoni motivi per essere ottimisti.

Oona ricordava quando, pochi mesi dopo il funerale del padre, si era fatta di ecstasy col fratello, e all'epoca facevano il liceo, e l'ecstasy l'avevano già presa, e il fratello non era ancora messo tanto male, era solo uno di quei ragazzini a cui piaceva provare le sostanze, provarle con una certa regolarità, però non aveva ancora trovato le sostanze che l'avrebbero acchiappato, e forse era passato troppo poco tempo dalla morte del padre per farsi di ecstasy, e per lei era stato cosí, era diventata tristissima, invece il fratello no, lui aveva un'aria euforica, euforica ma fragile, una gioia intensa e forzata al tempo stesso, come ora quella della madre, e forse quel giorno la fragilità del fratello aveva a che fare con la prostrazione della sua gemella, col fatto di dover badare a lei, ma Oona pensava di no, pensava che il motivo di quella fragilità fosse che il fratello non riusciva a ingannarsi del tutto, perché stava per crollare, era già crollato, com'era crollata la madre, e una gioia cosí quando eri crollato, quella gioia ingiustificata, folle e improvvisa, era solo una maschera.

Perciò Oona era preoccupata per sua madre, che sorprendentemente aveva smesso di preoccuparsi, o comunque si preoccupava di meno, cosa che in sua madre era davvero strana, e Oona era preoccupata per se stessa, per la loro città e per Anders, per Anders piú di quel che si sarebbe aspettata, e allora raddoppiò il suo impegno nella pratica della meditazione, con risultati molto altalenanti, dato che spesso il rimescolio nella sua mente era troppo forte.

Un giorno in cui faceva freddo Anders andò a trovare suo padre, passando per le viuzze laterali, procedendo con cautela, fermandosi a osservare la situazione agli incroci, come un erbivoro, mosso da un istinto di autoconservazione, valutando quel che c'era davanti a lui prima di procedere, e aveva i guanti sulle mani e un cappuccio sulla testa e occhiali da sole sugli occhi, un travestimento inadeguato ma forse sufficiente a distanza, e non è che fosse stato minacciato, non era stato minacciato, non ancora, però si sentiva minacciato, e quindi cercava di non correre rischi, almeno quelli superflui.

Quando bussò alla porta, il padre tardò a venirgli ad aprire, e Anders fu colpito da quant'era peggiorato nelle settimane trascorse dall'ultima volta che l'aveva visto, e il figlio in lui seppe per certo che ormai era alla fine, seppe che quell'uomo magro e possente stava per lasciarlo, era in procinto di andarsene, ed era lieto di avere gli occhiali da sole, cosí che il padre non dovesse vedere la consapevolezza che si faceva strada nei suoi occhi, e il padre era curvo, solo un po', lui che era sempre stato cosí dritto, curvo come se quel mattino la sua malattia gli avesse dato un pugno nello stomaco e lui non volesse mostrare che quel colpo continuava a far male, ma quando una cosa tanto dritta e importante si curva, anche solo un po', è una cosa che fa impressione, e a Anders fece impressione, e si diedero la mano, una stretta forte, piú forte del solito, per compensare l'infermità, e al padre non piaceva guardare Anders, guardare quel che suo figlio era diventato, e non gli piaceva il fatto che non gli piacesse, e cosí si costrinse a guardare suo figlio, e a stringere la mano di suo figlio ancora piú a lungo, la pelle marrone contro la sua pelle chiara, e gli diede una pacca sulla spalla e una strizzata, un gesto eloquente, per i suoi canoni, e gli fece un cenno di benvenuto con la testa e riaccolse in casa il figlio diventato scuro.

Dentro casa i mobili erano vecchio stile, e non corrispondevano ai gusti del padre, a quel che si sarebbe comprato lui, perché erano stati comprati dalla madre, e a Anders ricordavano lei, le piccole balze sui copridivani, i centrini di pizzo sui tavolinetti, e in soggiorno c'erano foto di tutti loro, i genitori da giovani, Anders bambino e poi ragazzino, la famiglia riunita, nessuna piú recente di una decina d'anni, foto già invecchiate dal trascorrere del tempo.

Il padre ascoltò il figlio che gli spiegava il proprio disagio, lo guardò bere una birra mentre lui lasciava lí la sua, sorseggiandola a malapena, una birra che si era versato solo per abitudine e per buona creanza, dato che non ce la faceva piú a berla, e prese il thermos con dentro i soldi e ne diede un po' al figlio, nonostante le sue obiezioni, e rovistò negli armadi e lo aiutò a caricare in macchina alcune provviste essenziali, o comunque gliele passò, lasciando che fosse Anders a portare i pesi, dato che per lui era già dura stare in piedi, e ignorò il dolore, perché ormai era parte di lui, un dolore costante, neppure lontanamente sopportabile, ma nemmeno evitabile, e quindi accettato come tale, come un fratello problematico, e tirò fuori un fucile e una scatola di cartucce, e insistette fino a vincere la riluttanza del figlio, dicendogli di prenderlo e aspettando che lo facesse, e osservò il suo ragazzo che faceva quel che doveva, ovvero smettere di fingere, cominciare ad accettare la situazione, e prendere la cosa che il padre gli offriva, una cosa di cui aveva palesemente bisogno, e il suo ragazzo si fece serio mentre soppesava il fucile e le cartucce, ed era giusto cosí, perché serietà era ciò che la situazione richiedeva.

Una volta a casa, Anders si chiese se davvero il fucile lo rendesse piú sicuro, perché si sentiva totalmente solo, e gli sembrava meglio evitare lo scontro piuttosto che reagire alle provocazioni, e riteneva piú probabile che se la prendessero con lui se avessero scoperto che era armato, anche se nessuno poteva scoprirlo, e anche se moltissime persone erano armate, aveva questa sensazione che fosse essenziale non essere visto come una minaccia, perché, scuro com'era, essere visto come una minaccia significava rischiare di essere prima o poi annientato.

Anders sapeva che presto avrebbe perso il padre, e quella perdita incombente ora sembrava piú concreta, piú reale, non come l'aria ma come una porta o un muro, qualcosa contro cui, in cui, potevi andare a sbattere, e ovviamente i figli lo sanno, che perderanno i genitori, lo sanno fin da molto presto, ma di solito riescono a credere che quel particolare presente non arriverà, che sia lontano anni, e ogni anno è composto da mesi, e ogni mese da giorni, e ogni giorno da ore, e ogni ora da secondi e cosí via, gli istanti che mancano si protendono verso l'infinito, e Anders aveva già perso un genitore, e aveva sperimentato la realtà che il tempo che abbiamo non è illimitato, ma fino ad allora non era mai giunto quel momento con suo padre, il momento in cui si era reso conto che la fine era vicina, e adesso che quel momento era giunto lui si sentiva in uno stato d'animo meditabondo, e l'arrivo di Oona a casa sua, quando arrivò, fu piú che un sollievo, fu un'opportunità.

Anche Oona percepiva qualcosa di diverso, non solo in Anders, perché si vedeva che in lui c'era qualcosa di diverso, ma in se stessa, nel modo in cui era attratta da lui, non come un silenziamento di ciò che non voleva sentire, non solo quello, non piú, ma come occasione per parlare, come un inizio e non come la gestione di una fine, e forse il fatto che Anders non avesse piú l'aspetto di Anders le consentiva di vedere la loro relazione in un altro modo, o forse il fatto che Anders restasse Anders indipendentemente dal suo aspetto le consentiva di vedere piú chiaramente l'Anders in lui, ma in ogni caso era contenta di essere lí, contenta e umana, e il suo non era un bisogno meccanico, non era un meccanismo, era un bisogno organico, e quindi piú complicato, e anche piú fecondo.

Oona si sedette accanto a lui e parlarono e fumarono e si baciarono, e il bacio fu un vero bacio, un bacio accogliente, e quando fecero sesso fu come se fosse la prima volta che facevano sesso, perché la prima volta in cui avevano fatto sesso Oona non aveva guardato, aveva guardato solo dentro di sé, e la prima volta che avevano fatto sesso dopo che Anders era cambiato non erano stati Anders e Oona a fare sesso, era stata un'altra cosa, erano stati altri due, invece questa volta Anders vide Oona e Oona vide Anders, e il sesso fu lento, non frettoloso, un sesso languido e nudo, un paio di volte un sesso sorridente, e le esigenze erano ben visibili, le contrarietà, le espressioni di dolore, le angosce istintive non venivano nascoste e, se stavano recitando, la loro recita era un tentativo di essere naturali, e in quel loro tentativo si avvicinarono, piú di quanto si fossero mai avvicinati prima.

Capitolo settimo

Al lavoro, Anders non era piú l'unico a essere cambiato, ce n'erano altri, dopo quel primo altro che si era presentato una volta e poi era sparito, e in una palestra che era stata quasi esclusivamente bianca, quasi, adesso c'erano, non uno, non due uomini scuri, ovvero Anders e, la sera, l'uomo delle pulizie, ma spesso tre, o anche quattro, e lui aveva pensato che ciò avrebbe migliorato le cose, e invece stava accadendo il contrario, e in palestra c'era sempre piú tensione, e uomini che si conoscevano da anni ora si comportavano come se non si conoscessero, o peggio come se non si piacessero, serbavano rancore, e nella violenza del sollevamento pesi, all'interno di quella violenza, della lotta di un uomo che fronteggiava da solo decine e decine di chili sulla schiena o ai piedi o sopra il torace, c'era una violenza piú accesa, meno trattenuta, e le lesioni autoindotte per via di carichi eccessivi che compromettevano la forma fisica erano sempre piú frequenti.

L'uomo delle pulizie lavorava in due posti diversi, e arrivava un paio d'ore prima della chiusura, e faceva prima l'ingresso, e poi gli uffici sul retro, e cominciava a pulire lo stanzone mezz'ora prima della chiusura, quando non c'era piú tanta gente, ma di solito i clienti ancora presenti erano i duri e puri, e a quel punto tendevano a essere irascibili, e Anders notò che l'uomo delle pulizie si teneva sempre alla larga dalle postazioni ancora occupate, lavando il pavimento tutt'attorno ma lasciando delle isole asciutte, e manteneva un profilo basso, cosa che gli veniva facile, essendo un piccoletto, e lo faceva pensare a un uccello appollaiato accanto a dei leoni, ad esempio un avvoltoio, o no, non un avvoltoio, forse una cornacchia, un essere che apparteneva a un altro elemento, l'aria, ma si procacciava il cibo nello stesso luogo dei predatori terricoli, solo che questo particolare uccello non poteva volar via, e in caso di guai sarebbe stato in pericolo, e si limitava a sperare di passare inosservato.

Il retro della palestra, con gli spogliatoi, gli armadietti e le docce, restava aperto un po' piú a lungo, e una sera, quando Anders stava per andarsene, due uomini si misero a litigare, e continuarono all'esterno, ed erano uomini piú vecchi, però grandi e grossi, e robusti e sorprendentemente agili nonostante le pance, e presero a spintonarsi nel parcheggio, e alcune persone gli si radunarono intorno, ma non dissero niente, e Anders ne fu colpito, dal fatto che quelle persone non cercassero di farli smettere, e nemmeno li incitassero, ma restassero zitte, a guardare e basta, e dopo un po' i due cominciarono a prendersi a pugni, e fu una cosa brutale, e fra i grugniti e lo strascicare dei piedi si sentí il rumore di un pugno che colpiva il lato di una faccia, il brusco spezzarsi di qualcosa, un tonfo mollemente liquido, e al tempo stesso le ossa che si frantumavano, un rumore cosí viscerale e inquietante da indurre Anders a girarsi dall'altra parte, e a quel punto se ne andò, se ne andò senza restare a vedere quel che sarebbe successo, e chi avrebbe avuto la meglio, se l'uomo dalla pelle scura o quello dalla pelle chiara, una cosa che lui non voleva vedere, ma anche se non la vide, gli rimase impresso il rumore, e continuò a tornargli in mente quella notte a letto, provocandogli uno spasmo muscolare, o una smorfia, una reazione fisica, Anders che si contraeva lí da solo, come un'eco.

La notte seguente, Oona rimase a letto con Anders fino al mattino, e il mattino quando lei si svegliò lui stava ancora dormendo, e c'era qualcosa di ridicolo nella sua posizione, una discrepanza fra il corpo stravaccato e il viso chiuso in un'espressione seria, come se in sogno stesse partecipando a una riunione di lavoro, mentre le membra erano scomposte come quelle di un bambino, o di un adolescente, un polpaccio sopra lo stinco di lei, il dorso di una mano sulla sua pancia, le nocche nude che le sfioravano l'ombelico nudo dove la maglietta si era sollevata, rendendola consapevole del proprio respiro, e allora Oona seguí il respiro attraverso le narici, poi giú, toccandolo lí, gonfiandosi contro di lui, facendogli da cuscino, e poi di nuovo su, e quando infine aprí gli occhi Anders notò in lei un'espressione che non aveva mai visto prima, una tenerezza quasi stupefatta, che lo spinse a inclinare la testa e sorridere e aspettare e poi darle un bacio.

– Quanta paura hai di morire? – gli chiese lei.

– Buongiorno anche a te, – rispose lui.

Lei rise e gli si fece piú vicina, avvolgendo una gamba intorno alla sua, e gli disse che pensava un sacco alla morte, non necessariamente alla sua, solo al fatto che la gente moriva, e che anche lei sarebbe morta, e lui annuí e disse che quando sua madre stava per morire lui era sicuro che non sarebbe morta, finché non ne era piú stato sicuro, e quando alla fine aveva capito che stava morendo, non era malata ma stava morendo, aveva visto quanta voglia aveva di vivere, finché il dolore non gliel'aveva tolta, e allora aveva voluto andarsene, o meglio, non avrebbe voluto andarsene, ma ne aveva bisogno, aveva bisogno di andarsene piú di quanto avesse voglia di restare, e lui non era pronto, non era preparato al fatto che sua madre avesse bisogno di andarsene, ed era stata una cosa terribile.

Lei disse che suo padre se n'era andato senza preavviso, una cosa insensata, non c'era altra parola, prima c'era e dopo se n'era andato, e la cosa le aveva fatto pensare che sotto ognuno di noi c'è una botola, una botola che si può aprire in qualunque istante, come se camminassimo su un ponte di corde e assi che ondeggia alto sopra un canyon, e alcune assi sono marce, e tu fai un passo normale e scopri di aver messo il piede nel nulla, senza aver neppure sentito lo strappo, e questa consapevolezza dovrebbe renderti piú prudente, farti procedere con passo piú lieve, ma per suo fratello non era stato cosí, lui su quelle assi aveva pestato i piedi, sempre piú forte, come se gli andasse benissimo se anche si rompevano, come se una parte di lui volesse andarsene, cosí come aveva voluto andarsene la madre di Anders, ma senza il dolore, anzi, non senza il dolore, ma senza quel tipo di dolore, senza il cancro, ma con un grande struggimento per come l'universo l'aveva deluso, per come si era rivelato un tipo di universo che lui non poteva amare, un universo che ci tradiva, tutti noi, e cosí lui aveva deciso di andarsene, anzi, non deciso, non era stata una decisione, era stata una direzione, un mutamento di direzione, e lei se n'era accorta molto presto, e aveva cercato di ignorare la cosa, aveva anche cercato di fare quel che poteva per riportarlo indietro, ma lui ormai si era avviato, e non c'era modo di trattenerlo, e alla fine aveva fatto quel che aveva fatto, e se n'era andato quando se n'era andato, molto presto, perché tutti ce ne andiamo e lui se ne rendeva conto con piú chiarezza degli altri, e non era cosí insensibile da pensare che valesse la pena sforzarsi di restare.

Parlarono e restarono in silenzio e parlarono di nuovo, e fuori era nuvolo e a poco a poco schiariva, e Oona percepí una punta di desiderio in se stessa, e in lui, e gli posò il palmo della mano sullo sterno, e si scrutarono, con una sorta di offuscamento che si mescolava alla reattività, un'eccitazione su cui aleggiava un'ombra di malinconia, due sensazioni che non combaciavano, e solo dopo un po', quando Anders annunciò che aveva fame, Oona si accorse di aver fame anche lei.

Anders preparò la colazione e Oona si godette il piacere di guardarlo cucinare, il modo diligente e metodico con cui lo faceva, tirando fuori le uova, il sale, il burro, le verdure come se seguisse scrupolosamente una lista che aveva nella mente, e notò che quando gli parlava lui si interrompeva per ascoltare, come se non riuscisse a fare due cose contemporaneamente, e forse era cosí, forse non riusciva a fare piú cose contemporaneamente, forse era il suo modo di essere, perché quando leggeva, leggeva con quella concentrazione, e quando cucinava, cucinava con quella concentrazione, mentre quando parlava, o baciava, o rideva, era molto rilassato, ma quando lavorava sembrava impegnarsi in modo spasmodico, e lei si chiese come funzionasse la sua mente, e come fosse essere lui, e quasi si aspettava che le omelette avessero un sapore diverso, avessero il sapore del suo metodo, del suo approccio, avessero in un certo senso il sapore di Anders come il suo corpo aveva il sapore di Anders, e invece no, erano solo omelette, ed erano molto buone.

Oona era al lavoro la sera in cui ebbero inizio le sommosse, e a lezione c'era poca gente, perché le sommosse erano prevedibili, anzi erano state preannunciate, perfino minacciate, e quindi la gente era rimasta a casa, ma una cosa può essere prevedibile e al tempo stesso scioccante nel momento in cui accade, e c'era panico nell'aria quando Oona e le sue colleghe si affrettarono a chiudere la scuola e uscirono, e una volta in strada lo udirono in lontananza, rumore di anarchia, o rivoluzione, e Oona ne sentiva l'odore, un odore di fumo, e una donna dalla pelle scura e un uomo dalla pelle chiara passarono di corsa, coi due figli, forse perché non erano riusciti a raggiungere la propria auto, e lei si chiese se la donna fosse sempre stata scura o fosse cambiata, e non aveva visto i bambini abbastanza bene per capire se le somigliavano, se sembravano figli della donna com'era adesso, e tutto ciò accadde in un istante, e poi Oona pensò di chiamare quella donna, di dirle che aveva lí la sua auto e poteva dar loro un passaggio, ma a quel punto era troppo tardi, avevano già girato l'angolo, e lei disse, ehi, lo disse lo stesso, non forte, sollevando una mano, una mano che loro non avrebbero visto, e perché l'avesse fatto non avrebbe saputo spiegarlo, se per aiutarli o per essere il tipo di persona che li avrebbe aiutati, e una delle sue colleghe le disse, dài, sbrigati, e la spinse avanti, e lei salí in auto e partí.

Alcune persone sembravano confluire verso il centro città, dove aveva avuto inizio la sommossa, mentre altre se ne stavano allontanando, ma non erano molte, né le une né le altre, e c'era elettricità nell'aria, e Oona si accorse che nessuno si fermava agli stop, o ai semafori, e allora cominciò a non fermarsi nemmeno lei, anche se rallentava e guardava a destra e a sinistra, e si aspettava di sentire delle sirene, la polizia, i pompieri o le ambulanze, ma non le sentiva, ed era strano, ne sentiva solo una, solitaria, lontana, come se tutti gli altri veicoli dotati di sirena fossero andati nella direzione sbagliata, o fossero rimasti intrappolati nei vialetti d'accesso e nei parcheggi, o fossero stati dati alle fiamme, e poiché non le sentiva, rimase in ascolto, rimase in ascolto per tutto il tragitto fino a casa, e in qualche modo non sentirle era peggio, come se la situazione fosse sfuggita al controllo degli esseri umani, della società, come uno tsunami destinato a travolgere tutto, a travolgere ogni quartiere, senza che nessuno potesse farci niente.

La sua via era silenziosa. Tranquilla. Parcheggiò ed entrò in casa, e per alcuni secondi fu come se tutto fosse stato frutto della sua immaginazione, ma nel frattempo aveva tirato fuori il telefono e guardato quel che mostrava, e la gente stava filmando quel che stava succedendo, e le immagini erano immagini da un altro mondo, o almeno da un altro Paese, immagini di fiamme e pestaggi e calca, inquadrature sbilenche, opera di mani esagitate o terrorizzate, e i suoni erano urla e boati e risate e strilli, ed era impossibile ricavarne un senso, o anche solo dire se provenissero davvero da quel luogo, da quel tempo, e c'erano diverse chiamate perse di Anders, lei lo aveva chiamato da scuola senza trovarlo, e lui l'aveva richiamata un sacco di volte, l'ultima pochi minuti prima, e Oona non si capacitava di non aver sentito il telefono, forse la suoneria era silenziata o troppo bassa, ma adesso provò a richiamarlo e il telefono non squillò, e neanche scattò la segreteria, la linea era muta, in cerca di una connessione, anche se una connessione lei ce l'aveva, il segnale aveva tutte le tacche, eppure al telefono serviva un qualche feedback tecnologico, era bloccato in un limbo, in cerca di un impulso che non arrivava, di un consenso, di un'indicazione su come procedere, in attesa, in attesa anche se l'attesa era finita.

Capitolo ottavo

Giunse il primo giorno davvero freddo dell'anno, e gli alberi decidui erano già quasi nudi, e quella notte senza luna, a casa da solo, a Anders sembrava di sentire gli antichi orrori che si risvegliavano, di sentire l'efferatezza quasi dimenticata su cui poggiavano le fondamenta della sua città, e come stava in agguato fuori dalla porta, e scuoteva le sue finestre insieme al vento.

In quel momento per certi versi invidiava i miliziani, e si domandava se, nel caso in cui fossero stati disposti ad accoglierlo, avrebbe scelto di essere dei loro, e una parte di lui sospettava che in fin dei conti non fosse del tutto impossibile, e che se fosse stato ancora bianco magari sarebbe stato là fuori, a soffiarsi fiato pallido sulle mani, al sicuro nella propria virtuosa indignazione, o quantomeno al riparo dalla loro virtuosa indignazione, ma per come stavano le cose quella scelta non ce l'aveva, e doveva restarsene lí, meno infreddolito ma piú impaurito.

La palestra era stata danneggiata dagli incendi, non in modo grave, solo un poco, e come quasi tutti i proprietari di attività commerciali il capo di Anders aveva deciso di chiudere per qualche tempo, e lui non era stato licenziato, ma non aveva neppure mantenuto l'impiego, dato che per il momento non veniva pagato, e quindi doveva tirare avanti coi suoi risparmi e con quel che gli aveva dato suo padre, e quella sera, mentre contava i soldi e faceva l'inventario delle provviste, a un tratto pensò all'uomo delle pulizie, e si chiese se avrebbe dovuto chiamarlo per sapere se era al sicuro, o se sarebbe stata una follia, dato che la cosa non lo riguardava, ma non aveva il suo numero, e in ogni caso si rese conto, con stupore, di non sapere nemmeno il suo cognome.

Oona gli scrisse un messaggio e parlarono fino a tardi, poi Anders gironzolò su internet, e a quanto pareva in città la gente continuava a cambiare, persone bianche che diventavano scure, e sebbene le sommosse si fossero placate i miliziani diventavano sempre piú aggressivi, e si continuavano a trovare cadaveri nei campi, anche se i commentatori non concordavano sul numero esatto, c'era chi diceva che stavolta erano due, chi tre, o sei, ma nessuno diceva che non ce ne fossero, e la gente li seppelliva, e girava voce che fossero scuri, ma non esclusivamente scuri, e che fra quelli scuri ce ne fossero alcuni che non erano sempre stati cosí.

Anders non si allontanava piú dal suo fucile. Non si avventurava fuori casa, e quando dormiva lo teneva per terra accanto al letto, e quando cucinava lo teneva appoggiato al muro tra il frigo e la credenza, e per qualche tempo se lo portò anche in bagno, e quando cominciò a sembrargli eccessivo decise di posarlo sul tavolinetto davanti al divano, dove poteva vederlo, e in quel modo, se teneva aperta la porta del bagno, l'aveva comunque a portata di mano.

Anche se in teoria avrebbe dovuto farlo sentire sicuro, il fucile gli mormorava una domanda sommessa ma insistente, ovvero quanto voleva davvero vivere, e negli interminabili pomeriggi, e a notte fonda quando udiva gli alberi scossi dal vento, non poteva eludere la domanda del fucile, e sapeva che farla finita sarebbe stato semplice, e forse il punto era quello, il punto era farlo crollare, far crollare tutti loro, tutti noi, sí, noi, che strano ritrovarsi ingabbiato in un simile noi, e si chiedeva cosa stesse accadendo alle altre persone scure, e come se la cavavano, e se si stessero suicidando, in fretta con le armi da fuoco o lentamente con alcol pasticche e droghe, o impiccandosi, e lui non si considerava un uomo particolarmente violento, e neanche ben attrezzato per tempi come quelli, e sua madre se n'era andata, e suo padre se ne sarebbe andato presto, e con loro le persone che piú avrebbe fatto soffrire andandosene anche lui, e quindi se restava non lo faceva per loro, non doveva farlo per loro, ma per se stesso, eppure ogni giorno restava, teso e annoiato, è vero, però restava, e di conseguenza scoprí quanto ci tenesse a restare, e che in lui l'impulso a vivere era piú forte di quanto avrebbe immaginato, integro anche in circostanze cosí fosche, anche nel bizzarro involucro in cui era avvolto, e forse era per cocciutaggine, o egoismo, o speranza, o paura, e forse per desiderio, il desiderio di continuare a essere Anders, o di continuare a stare con Oona, soprattutto a stare con Oona, ma in ogni caso quell'impulso c'era, ed era forte, perciò Anders si teneva piú al caldo possibile e si nutriva e leggeva e faceva ginnastica, e in quelle giornate solitarie aspettava, nella sua pelle marrone, quel che sarebbe accaduto.

Dopo le sommosse Oona litigò con sua madre, rimproverò sua madre, parlò con sua madre, addirittura gridò contro sua madre, ma non riuscí a convincerla, al massimo riuscí a turbarla, a toglierle parte della felicità a cui si aggrappava, e quando bisticciavano la madre si arrabbiava, ma solo per poco, di solito si limitava ad agitarsi, e allora Oona intravedeva il panico nei suoi occhi, un panico profondo e persistente, come un oceano, un panico che riconosceva perché lo provava anche lei, e non le faceva alcun piacere far emergere quel panico in sua madre, al contrario, avrebbe voluto nasconderlo, sottrarvisi, a causa di ciò che rivelava di lei, e per molti versi non riusciva ad accettare che sua madre credesse alle cose a cui credeva e si comportasse come si comportava, ma d'altra parte per molti versi era meglio, molto meglio, dell'estrema desolazione di quella che pareva essere l'alternativa, ovvero che sprofondasse nell'abisso senza aver piú nulla in cui credere.

La madre di Oona non ammetteva che fossero in corso violenze, o comunque violenze di una certa entità, e diceva che, se violenze c'erano, erano dovute a provocatori, a sabotatori, e che loro stavano cercando di ammazzare sia i nostri difensori, sia la nostra gente in generale, e a volte ammazzavano anche i loro per farci sembrare cattivi, e anche perché alcuni di loro stavano dalla nostra parte, e per questo li ammazzavano, e che il punto era la separazione, non che noi fossimo meglio di loro, anche se noi eravamo meglio di loro, questo non lo si poteva negare, ma noi avevamo bisogno dei nostri posti dove poterci prendere cura della nostra gente, perché la nostra gente era nei guai, molti di noi erano nei guai, e la gente scura poteva avere i suoi posti, dove fare le sue cose scure o quel che erano, e noi non glielo avremmo impedito, ma non ci saremmo resi complici della nostra estirpazione, questo doveva finire, e non c'era tempo da perdere, perché era adesso che ci stavano trasformando e degradando, e questo era un segno, un segno del fatto che se non agivamo subito non ci sarebbe piú stato tempo e saremmo spariti.

Oona non poteva negare che in effetti sua madre sembrava star meglio, che in un certo senso i cambiamenti in città, e in tutto il Paese, le giovavano, e aveva l'assillante sensazione che sua madre avesse ragione, non in senso morale, ma a un livello diverso, e che comprendesse la situazione in modo piú profondo di lei, come se avesse accesso a una verità mistica, una terribile verità mistica, una specie di magia in cui Oona non credeva e che tuttavia in qualche modo funzionava, ed era come se tutti i fantasmi stessero tornando, tornando in ogni città e in ogni casa, tornando da sua madre per risarcirla delle sue perdite, e da altri per risarcirli delle loro, ma Oona non si sentiva risarcita, si sentiva piú abbandonata che mai.

Dopo quelle conversazioni Oona sentiva la mancanza di suo padre, suo padre che era cosí affidabile, che aveva tanto buonsenso, e lei non dubitava che adesso suo padre sarebbe riuscito ad aiutare sua madre, o che comunque, se suo padre fosse stato lí, sua madre non sarebbe arrivata al punto a cui era arrivata, nessuno di loro ci sarebbe arrivato, ma mentre pensava a lui si chiese se suo padre avrebbe disapprovato del tutto, fino in fondo, quel che diceva sua madre, perché non era stato un uomo cattivo, per nulla, ma nemmeno un santo, e in effetti riguardo al colore della pelle aveva certi impulsi che a dirla tutta erano molto diffusi, soprattutto quando lui era giovane, e la vita non l'aveva mai portato agli estremi, e se l'era cavata bene, ma se non fosse andata cosí, allora chissà, e mentre ci rifletteva la capacità di Oona di vederlo tentennò, la sua capacità di vedere che persona era, e tuttavia ne sentiva la mancanza, e sentiva la mancanza di suo fratello, che era stato il favorito del padre, e ne aveva sentito tanto la mancanza, l'aveva sentita troppo, suo fratello che pensava che il padre facesse miracoli, suo fratello che anche in quel momento le avrebbe detto che sarebbe andato tutto bene, che lo diceva sempre anche se non era mai vero, eppure lo diceva lo stesso, che ci credesse o meno, parole vane, e tenere, e strazianti, e forse suo fratello aveva fatto bene ad andarsene, aveva fatto bene a cominciare ad andarsene subito dopo che se n'era andato il padre, forse tutt'e due avevano fatto bene, i due uomini della famiglia, forse avevano capito quel che stava per succedere e avevano preferito non averci nulla a che fare, e lei non poteva fargliene una colpa, non doveva fargliene una colpa, eppure gliene faceva una colpa lo stesso, e non c'era via di scampo, stava a lei.

Anders aveva sentito dire che i miliziani cominciavano a portar via la gente, la gente scura, cacciandola dalla città, e quando vide delle auto che si fermavano davanti a casa capí cosa ciò significava, anche se forse è sempre una sorpresa quando ciò che aspetti, ciò che paventi, una catastrofe di quella portata, accade davvero, perciò Anders era preparato e non preparato al tempo stesso, ma per quanto fosse preparato non si aspettava che uno dei tre uomini venuti a prenderlo fosse uno che conosceva, uno con cui aveva familiarità, il che rendeva la cosa molto peggiore, molto piú intima, come essere strangolato mentre ti sussurrano paroline dolci, e non aspettò che arrivassero alla porta, ma la aprí e si piazzò sulla soglia col fucile spianato, puntato su di loro, un'eco del padre cacciatore.

Sperava di sembrare piú coraggioso di quanto si sentisse, e i tre erano armati ma quando lo videro si fermarono, a qualche passo di distanza, e lo fissarono sprezzanti e affascinati, e a Anders parve che quello che lo conosceva lo fissasse anche con entusiasmo, come se fosse una cosa speciale per lui, una cosa personale, e Anders percepiva quanto si sentivano nel giusto, quanto erano certi che lui fosse nel torto, che lí fosse lui il fuorilegge che cercava di derubarli, loro a cui era già stato rubato tutto, a cui non era rimasto nulla eccetto la loro bianchezza, il valore della loro bianchezza, e non gli avrebbero consentito di portargliela via, né a lui né a nessun altro.

Però a quei tre non andava a genio che lui avesse un'arma, e avesse preso l'iniziativa, iniziativa che dopotutto spettava a loro, e quella cosa da lui non se l'aspettavano, quella cosa complicava una situazione semplice, perciò restarono lí fermi, a fronteggiarsi, il suo conoscente, i due sconosciuti e Anders, e Anders disse, salve ragazzi, cosa posso fare per voi.

Loro parlarono, e lui ascoltò, e alla fine i tre dissero che gli conveniva non farsi trovare quando fossero tornati, e lui disse che questo era da vedere, e mentre lo diceva quasi credeva che sarebbe davvero rimasto, e c'era rabbia nella sua voce, una rabbia di cui era contento, nonostante i loro sorrisi sprezzanti, ma quando furono tornati alle loro auto e lui percepí l'entità del proprio sollievo, un sollievo che lo aveva sopraffatto impregnandolo di un senso di sconfitta, capí che se ne sarebbe andato, che da lí a qualche minuto sarebbe scappato, e quella casa, la sua casa, a lui tanto familiare, l'avrebbe persa, non sarebbe piú stata sua.

Capitolo nono

Quando Anders raggiunse la casa di suo padre, suo padre lo fece entrare e tirò le tende sdrucite, poi parcheggiò l'auto del figlio, l'auto che era stata di sua moglie, dietro la casa, nel fazzoletto di terra che la moglie chiamava il suo orto, dove una volta crescevano fiori e pomodori e taccole e timo, ma che adesso era uno spiazzo polveroso coperto di erbacce, erbacce secche e morte al principio dell'inverno, e il padre di Anders andò a controllare che dalla strada l'auto non si vedesse, a passi rigidi e stanchi ma anche determinati, dopodiché, esausto, sedette vicino al figlio in soggiorno, con il televisore acceso e i fucili accanto, e restò lí ad aspettare che arrivasse qualcuno per farsi consegnare Anders, ma non arrivò nessuno, no, nessuno, almeno non quella prima notte.

Il padre non era ancora abituato a Anders, all'aspetto di Anders, e in un certo senso non era mai riuscito ad abituarsi a lui, neanche quand'era bambino e tardava a parlare, non era capace di allacciarsi le scarpe e non riusciva a scrivere in una grafia che la gente potesse leggere, perché il padre, sebbene non fosse stato uno studente particolarmente brillante, era sempre stato all'altezza, all'altezza dei compiti che gli venivano assegnati, non solo a scuola, ma anche fuori, invece suo figlio, suo figlio era diverso, una differenza che la madre aveva accolto con naturalezza, e cosí il ragazzo si era legato a lei, mentre fra loro due si erano alzati dei muri, fra lui e suo figlio, e il padre li capiva, i bulli che quand'era piccolo lo prendevano di mira, e capiva anche quelli che adesso volevano cacciarlo dalla città, che avevano paura di lui, si sentivano minacciati da lui, dall'uomo scuro che suo figlio era diventato, e ne avevano tutto il diritto, al posto loro avrebbe provato lo stesso, anche a lui quella situazione non piaceva, e la vedeva anche lui, la fine di cui suo figlio era un segnale, la fine delle cose, non era cieco, ma non si sarebbero presi suo figlio senza che lui, suo padre, si opponesse, e quale che fosse il suo aspetto, quale che fosse il colore della sua pelle, Anders era pur sempre suo figlio, e anche il figlio di sua madre, e aveva la precedenza, veniva prima di ogni altro legame, era la cosa piú importante, e lui avrebbe fatto quel che era giusto per lui, era un dovere che per lui contava piú della vita, e avrebbe voluto averne di piú, di vita, ma in ogni caso avrebbe fatto quel che poteva con la poca vita che aveva.

L'indomani mattina mancò la corrente, e in casa faceva buio con le tende tirate e senza lampadine accese, ma c'era pur sempre luce a sufficienza per vederci, e il padre pensò che fosse meglio tenere da conto le candele per la notte, e cosí passarono la giornata nella penombra, e Anders parlò con Oona per telefono, e scoprí che anche da lei mancava la corrente, e chiacchierarono finché non si resero conto che non avrebbero potuto ricaricare i cellulari e avevano già esaurito quasi tutta la carica, la percentuale era bassa, e allora dovettero interrompersi, immediatamente, e subito dopo aver riattaccato Anders vide che il suo telefono non aveva segnale, e neanche quello del padre, e si chiese se il servizio fosse stato interrotto intenzionalmente o se si fossero scaricate anche le batterie delle antenne.

Anders era solo, raggomitolato sul suo letto di bambino, e non avendo accesso al mondo in rete era ancora piú solo, o se non lo era letteralmente, comunque si sentiva piú solo, e sí, il chiacchiericcio in rete era stato deprimente, non solo in città ma in tutto il Paese, però era qualcosa, e adesso che gliel'avevano tolto, il tempo stesso rallentava, si dipanava svogliatamente come se i minuti fossero stanchi, fossero agli sgoccioli, e poi senza preavviso intorno a mezzanotte tornò la corrente e il telefono aveva di nuovo segnale e il tempo riprese a scorrere.

Passarono i giorni, e sebbene ogni tanto udissero degli spari, una notte proprio davanti a casa, nessuno li aggredí, e Anders avrebbe dovuto provare un certo sollievo per essere sfuggito ai miliziani, almeno per il momento, ma se anche lo provava, era un sollievo pieno di tensione, perché vivendo di nuovo a stretto contatto col padre fu sconvolto nello scoprire l'entità del dolore che suo padre doveva sopportare, un dolore che il padre riusciva a mascherare per qualche istante ma non per un'intera serata, non per tante ore di seguito, e Anders lo percepiva nell'espressione del suo viso, e nei suoi movimenti, e anche se spesso il padre cercava di nascondergliela ritirandosi in camera sua, ne udiva i gemiti e le imprecazioni soffocate, i rumori della battaglia che si combatteva dentro di lui, la battaglia che suo padre stava perdendo, e si sentiva in colpa per non essere stato un figlio migliore, per aver lasciato il padre cosí abbandonato a se stesso, anche se sapeva che il padre non gli avrebbe permesso di fare altrimenti, e che col solo fatto di essere lí gli stava togliendo qualcosa, gli stava togliendo la sua dignità costringendolo a farsi vedere, mentre lui non avrebbe voluto, non avrebbe mai voluto farsi vedere.

In città c'erano tuttora sporadiche esplosioni di violenza, ma la gente continuava a cambiare, sempre piú numerosa, senza che nessuno potesse farci niente, e Oona cominciava a percepire la fatica che faceva sua madre a mantenere il proprio ottimismo, la convinzione che tutto si sarebbe sistemato, che loro, la sua gente, stessero vincendo, e mentre in sua madre cominciava a emergere il dubbio, in lei cominciava a emergere qualcos'altro, non esattamente speranza, qualcosa di meno della speranza, un presagio di speranza, vale a dire una possibilità, una possibilità di cosa non lo sapeva, ma una possibilità che non era torpore, che si faceva largo attraverso il torpore e aveva qualcosa di vitale.

Oona si collegò ai suoi profili social, che di solito non apriva, e sorvolando sul clamore di quel che stava accadendo andò indietro nel tempo, all'estate precedente, e a quella prima, un'estate meno luttuosa, e a quelle ancora precedenti, e scelse le foto in cui era piú abbronzata, piú scura, e con un'acconciatura rimodellata dall'acqua, da piscine o laghi o spiagge, con capelli piú voluminosi e scarmigliati, e iniziò a giocare con quelle immagini, a scurirle ancora di piú, ma in quel modo si scuriva tutto, mentre lei voleva scurire solo se stessa, e allora trovò in rete una funzione che le permetteva di farlo, e diede le sue foto in pasto a quell'algoritmo osservando come le trasformava, e in quel modo poteva modificare non solo il colore della pelle, ma tutto ciò che voleva, e a volte il risultato era strano, e a volte era interessante, anche bello, e le piaceva che quella fosse e non fosse lei, che fosse una lei meno recente, una lei meno provata, una lei piena di potenzialità, una lei futura nata da una lei passata tralasciando del tutto il presente, senza legami col presente, libera, e ciò le diede un'idea, un'idea che non riuscí piú a togliersi dalla testa, e che non voleva togliersi dalla testa, un'idea che la indusse a ordinare un prodotto, incuriosita da quel che poteva essere.

Oona e la madre evitavano di uscire, a meno che fosse strettamente necessario, perché le strade non erano sicure, neanche nel loro quartiere, neanche per chi aveva il loro aspetto, perché chiunque poteva esser preso in mezzo, a volte le violenze consistevano in furti, o vendette, o coincidenze, e, che le notizie fossero esagerate o meno, sia Oona sia la madre conoscevano persone rimaste coinvolte, storie che non si potevano prendere sottogamba, e quindi stavano in casa.

Ma le consegne a domicilio continuavano, e potevi farti portare fin sulla soglia di casa pizze o alcolici o farmaci o droghe o quel che volevi, magari non nel giro di qualche minuto, ma sicuramente nel giro di qualche ora, e quando la consegna arrivò i fattorini erano due, e uno restò in macchina, di guardia, mentre l'altro suonava il campanello, armato, con una pistola alla cintola, il berretto ben calcato, i capelli chiari che spuntavano da dietro, e Oona lo chiamò dalla finestra del piano di sopra, gli mostrò il colore della propria faccia, gli lanciò una busta con la mancia e gli disse di lasciare il sacchetto lí dov'era.

Lui scrutò la casa e sulle prime non reagí, e Oona si ritrasse scomparendo alla vista, come se fosse tutto deciso e concluso, ma per un minuto, un lungo minuto, l'auto non se ne andò, poi finalmente ripartí, e lei andò a recuperare il suo ordine, alla svelta e rientrando subito, poi diede un doppio giro di chiave e tornò in camera sua, e c'era tutto, tutto quello che aveva ordinato.

Applicò il trucco con cura, imbellettandosi lentamente, truccandosi e struccandosi quando faceva un errore, e sentiva il liquido dei tubetti che a poco a poco si asciugava, solidificandosi, mentre al contrario la cipria sul pennello si spargeva come un liquido, e fissava con grande concentrazione ciò che stava facendo, creando quel che un tempo l'avrebbe messa in imbarazzo creare, l'avrebbe mortificata se qualcuno avesse assistito, ma che ora invece le sembrava essenziale rivelare, e la donna scura che ne emerse, scura e fascinosa, non c'era altra parola per dirlo, fascinosa, quella donna era assurda, e un affronto, e sensazionale, e non era stata sua intenzione restare con quella faccia, quella faccia che aveva creato, aveva solo voluto vederla, arrampicarsi su per la parete del canyon, non fermarsi sul ciglio, ma Oona non resistette alla tentazione di sfoggiarla per un po', di sfoggiarla al piano di sotto e a cena.

La madre di Oona ebbe un sussulto, poi, impietrita, disse, dovresti vergognarti, e quando lei rispose, infatti mi vergogno, la madre disse, oh, no, non ti vergogni e invece dovresti, e Oona disse, invece mi vergogno, e poi non parlarono piú, e mangiarono in silenzio, e a un tratto, mentre il silenzio si consolidava, Oona si rese conto di aver pensato che quella cosa le sarebbe piaciuta, e che sarebbe stata una specie di vittoria, invece non le piaceva, ovviamente non le piaceva, e non era affatto una vittoria, semmai una sconfitta, una sconfitta per tutt'e due, e nessuna delle due poteva vincere, o quantomeno lei, Oona, non poteva vincere, perché nella sua vittoria c'era una sconfitta che rendeva impossibile vincere, e dopo cena salí in camera sua e cercò di capire cos'era stato a esaltarla nella faccia che aveva creato, nella faccia che aveva creato sopra la faccia creata da sua madre, da sua madre e da suo padre, ma non riuscí a capirlo, e rimuoverla fu un processo lungo e caotico, piú caotico del necessario, perché lei non si era mai truccata in modo pesante, non se ne intendeva, e il sedimento marrone che veniva via dalla pelle e finiva nella spazzatura e nello scarico del lavandino le faceva l'impressione di un fiume che muore, un fiume che viene sterilizzato in laboratorio.

Capitolo decimo

In rete potevi farti un'opinione di quel che stava succedendo, e la tua opinione era con ogni probabilità diversa da quella di chi ti stava accanto, e non c'era davvero modo di stabilire chi avesse ragione, e il confine fra quel che c'era nella tua testa e quel che c'era nel mondo esterno era confuso, cosí confuso che quasi non c'erano confini.

Le immagini che a Anders erano rimaste piú impresse erano quelle di due uomini in città, due uomini scuri, che si incontravano non lontano da casa sua, la casa da cui era fuggito, e sembrava che si conoscessero, ma era difficile a dirsi, perché erano andati l'uno verso l'altro come se si conoscessero, ma una volta vicini sembrava che non si conoscessero, e le loro parole non si sentivano, gli unici suoni erano quelli prodotti dall'uomo che li stava filmando, da dentro casa sua stava filmando i due fuori in strada, a una certa distanza, e non era chiaro perché lo stesse facendo, e poi, di punto in bianco, uno dei due uomini scuri abbassava la testa, come un pugile che schiva un colpo, ma senza quella grazia, quel controllo, anzi, con una certa goffaggine, e mentre quello si abbassava l'altro estraeva la pistola, e quando quello si tirava su l'altro gli sparava, gli sparava alla testa come nulla fosse, e quello si abbassava di nuovo, ma stavolta non stava schivando un colpo, stava cadendo, e le parole nel video, oh merda oh merda, dette in tono quasi esaltato, lasciavano intendere che quella scena avesse qualcosa di avvincente, poi l'uomo che aveva sparato se ne andava e l'altro restava a terra e non si muoveva piú, e il video continuava per almeno un minuto, e l'uomo non si muoveva, o comunque non abbastanza perché lo si vedesse, e Anders continuava a domandarsi se uno dei due fosse qualcuno che conosceva, non che fossero riconoscibili, non lo erano, non per lui, ma poteva darsi che uno o entrambi fossero cambiati, e avevano qualcosa di familiare, forse la postura, o forse la somiglianza con lui com'era adesso, come se uno dei due potesse essere suo fratello, fratello di Anders com'era diventato, e lui non aveva mai avuto un fratello, e quindi era una sensazione strana, la sensazione che l'uomo che aveva sparato fosse imparentato con lui, anche se Anders non avrebbe saputo dire imparentato come.

In città c'erano stati anche altri omicidî che qualcuno aveva filmato, ma quello in particolare aveva colpito l'immaginazione, e tutti lo commentavano, in rete c'erano accese discussioni sul suo significato, su cosa fosse accaduto e cosa significasse, e Anders non aveva idea di cosa significasse, ma sembrava che significasse qualcosa, e continuava a riguardarlo, e non metteva piede fuori dalla casa di suo padre, nemmeno per un istante.

Quel video l'aveva visto anche Oona, quand'era stato diffuso un paio di settimane prima, ma sulla sua immaginazione non aveva fatto presa, e lei si trovò invece a notare come la vita stesse tornando alla normalità, o se non proprio tornando alla normalità, quantomeno smettendo di diventare sempre piú anormale, e c'erano sempre piú persone che cambiavano, cosí tante che quando succedeva ormai quasi te l'aspettavi, era una consuetudine, sembrava che metà della gente che conosceva in rete fosse cambiata, e per strada c'erano meno violenze, venivano riportate meno violenze, e uno o due suoi conoscenti, i piú temerari, stavano ricominciando a uscire, a uscire in macchina per vedere come andavano le cose, almeno di giorno, filmando da dietro il volante o dal posto di fianco al guidatore, e vedendo loro, e vedendo quello che filmavano, Oona cominciò a provare il desiderio di uscire anche lei, non subito, forse non subito, ma, se le cose continuavano cosí, presto.

Sebbene a quel punto molti avessero cambiato colore, Anders non sapeva se fidarsi dei vicini, e non è che fossero degli sconosciuti, anzi, quasi tutti erano suoi vicini da sempre, ma forse, cosí scurito, era lui uno sconosciuto per loro, non piú un Anders verso cui provassero una qualche forma di lealtà, un Anders che considerassero un Anders, e lo metteva a disagio che la sua auto fosse parcheggiata dietro casa, dove i vicini la potevano vedere, ma di per sé una vecchia auto non era una prova, non era una prova della sua presenza lí, a meno che ci fossero altre ragioni per sospettare, e l'avrebbe messo piú a disagio se fosse stata parcheggiata altrove, perché in fondo quell'auto gli offriva una qualche libertà, una possibilità di fuga, e quand'era arrivato aveva chiesto l'opinione del padre in proposito, se secondo lui i vicini avrebbero potuto scoprirlo e denunciarlo, ma il padre non aveva risposto, o forse, a pensarci bene, aveva risposto, perché dopo un po' aveva detto, è meglio se stai lontano dalle finestre, e probabilmente era quello il suo modo di intendere la cosa, e lui, be', lui non aveva insistito.

Essere chiuso fra quattro mura era un sacrificio, e fuori, anche se faceva freddo, certi giorni splendeva il sole, un sole invernale limpido e luminoso, il tipo di sole che ti accecava se non portavi gli occhiali scuri e per terra c'era neve, e con le tende tirate Anders vedeva solo strisce di paesaggio, fenditure di luce e sottili barlumi verticali del mondo esterno, barlumi che sembravano sbarre di una cella, e si sentiva imprigionato, doppiamente, triplamente imprigionato, nella sua pelle, in quella casa, nella sua città.

Aveva detto a Oona di non andare a trovarlo, ma alla fine lei ci andò lo stesso, dicendo che le cose stavano migliorando, e la gente si stava abituando, e i miliziani che ancora restavano non l'avrebbero infastidita, anche se di questo non era proprio sicura, e quando lei arrivò per Anders fu piú che un sollievo, sollievo era una parola troppo debole, e suo padre li lasciò subito soli, salutò Oona, le parlò per un minuto e poi si ritirò nella sua stanza, e anche per lei era un sollievo essere finalmente lí, e in quella situazione c'era anche qualcosa di fanciullesco, come se fossero di nuovo al tempo della scuola, e a quel punto Anders era rimasto senza erba, e in ogni caso non fumava mai in presenza di suo padre, suo padre che era sempre stato contrario all'erba anche se non aveva problemi col tabacco, anzi, ne consumava grandi quantità, riempiendo i posacenere di mozziconi ben spenti e impregnando di fumo ogni tessuto della casa, invece Oona un po' d'erba ce l'aveva ancora, perché uno dei suoi fornitori era sparito ma ne aveva un altro, e ne avrebbe portata un po' se Anders non glielo avesse proibito, dato che sgattaiolare fuori a fumare, come lui aveva fatto per tutta l'adolescenza, era diventato troppo rischioso, e senza erba chiacchierarono e ascoltarono musica e restarono seduti sul divano e per la prima volta si baciarono in quella casa, e suo padre, che stava andando in cucina, li sorprese, ma distolse subito lo sguardo, e Oona pensò che lo facesse per discrezione, ma Anders vide qualcos'altro, vide l'imbarazzo sul volto di suo padre, l'imbarazzo per quella ragazza bianca che baciava quell'uomo scuro, anche se l'uomo scuro non era un uomo scuro, anche se l'uomo scuro era Anders, e Anders si disse che si sbagliava, pur sapendo che non si sbagliava, e che suo padre non era una persona riservata, ma davvero faceva del suo meglio per non darlo a vedere, per non far capire al figlio che Anders era una cosa diversa da Anders, era meno di Anders, e che suo padre facesse del suo meglio era il massimo che poteva pretendere, e se lo sarebbe fatto bastare.

La madre di Oona non poteva non notare i volti scuri nella sua strada, di giorno in giorno sempre piú numerosi, e magari non gironzolavano, non erano cosí spudorati, non ancora, ma uscivano a fare a palle di neve sul loro prato, o il mattino presto a sgombrare il vialetto d'accesso, e una volta uno le fece addirittura un cenno di saluto quando incrociò il suo sguardo, come se fosse tutto naturale e non fosse cambiato niente, ma non era naturale, ed era cambiato tutto, anche se nessuno sembrava accorgersene tranne lei.

Il canale televisivo che lei guardava di piú aveva sospeso le trasmissioni, ma adesso erano riprese e c'erano presentatori scuri oltre a quelli bianchi, ed erano goffi gli uni con gli altri, goffi e innaturali, e scherzavano anche se le circostanze erano cosí fosche, e uno dei suoi personaggi radiofonici preferiti aveva cambiato colore, e a quanto pareva anche cervello, perché per lei quello che diceva adesso non aveva alcun senso, come se fosse un impostore, un imbroglione, e lei non riusciva piú a starlo a sentire.

In rete la conversazione si era spostata sulla ricerca di una cura, e mentre alcuni stavano facendo il tentativo di rifugiarsi da qualche parte, di trovare luoghi incontaminati, convinti com'erano che quella catastrofe fosse infettiva, e parlavano di isole e colline e foreste remote, lei non poteva andarsene, né potevano quasi tutti gli altri, e cosí le voci si concentravano sui progressi che si stavano facendo nella ricerca di un modo per porre rimedio a quell'orrore, ma per ogni storia di un farmaco o pozione miracolosa che aveva reso qualcuno di nuovo bianco, c'erano tre o quattro storie di qualcuno che assumendolo si era ammalato gravemente, o addirittura era morto, e lei stava perdendo la speranza.

Una notte in città ci fu una forte conflagrazione, e l'onda d'urto investí la casa, scuotendo le finestre come se volesse metterne alla prova la resistenza, e passò anche attraverso di lei, attraverso i suoi organi, e dopo un istante di paura la madre di Oona sentí un piccolo brivido di esaltazione, sentí che qualcosa stava accadendo, qualcosa di grosso, forse il vento stava cambiando, forse finalmente i veri eroi erano arrivati, ma poi Oona entrò nella sua camera e disse, uau, hai sentito che roba, e lei disse, sí, e Oona disse, questa sí che è una tempesta, e tirò su le tapparelle, e la madre vide il fulmine e la pioggia a catinelle e gli alberi spogli illuminati dai lampi, e udí un altro tuono, non piú tanto forte, e cominciò a piangere.

Oona si mise a letto con lei, come non faceva da settimane, o forse da una vita, e la tenne stretta, e la cullò, come una bambina piccola abbracciata a un genitore adulto, tanta era la differenza nella loro corporatura, solo che in quel caso era piú il contrario, una figlia gigantesca che abbracciava una madre minuscola, come se fossero rinate in ordine inverso in un'altra vita, una vita dove nessuna delle vecchie regole valeva piú.

Capitolo undicesimo

Ormai il padre di Anders usciva di rado dalla sua stanza, e lí dentro c'era un odore, un odore che lui vedeva sul volto del figlio quando Anders entrava, e a volte quell'odore lo sentiva anche lui, il che era strano, come un pesce che si accorga di essere bagnato, e l'odore che sentivano era l'odore della morte, che il padre sapeva vicina, e questo lo spaventava, ma non aveva troppa paura di essere spaventato, no, da tanto tempo conviveva con la paura, e non si era lasciato sopraffare, non ancora, e avrebbe cercato di continuare cosí, di continuare a non farsi sopraffare dalla paura, e spesso non aveva l'energia di pensare, ma quando ce l'aveva pensava a cosa fa di una morte una buona morte, e gli sembrava che una buona morte fosse una morte che non atterrisse suo figlio, che il dovere di un padre non fosse evitare di morire davanti al figlio, questo un padre non può deciderlo, ma che, se un padre doveva morire davanti al figlio, doveva morire nel modo migliore possibile, in un modo che lasciasse qualcosa al figlio, che lasciasse al figlio la forza di vivere, e la forza di sapere che un giorno anche lui sarebbe morto, come suo padre, e cosí il padre di Anders si sforzava di fare del suo viaggio finale verso la morte un dono, un gesto paterno, e non sarebbe stato facile, non era facile, era quasi impossibile, ma su questo era concentrata la sua mente, finché funzionava, era concentrata su questo tentativo.

Il dolore aveva raggiunto proporzioni tali che a tratti non restava altro, ore lunghe anni in cui non c'era nessuna persona, nessun padre di Anders, solo il dolore, ma poi per un po' il dolore diminuiva e c'era di nuovo una persona, e quand'era di nuovo una persona il padre poteva guardare negli occhi il figlio cambiato, e annuire, e lasciare che gli prendesse la mano, e ascoltare le sue sporadiche parole affettuose, parole simili a quelle che un tempo pronunciava sua moglie, la madre del ragazzo, e poi, quand'era ora, indicare la porta con un cenno del capo, cosí che il figlio uscisse mentre il dolore tornava a reclamare il padre.

Dopo settimane passate a nascondersi, finalmente Anders si avventurò fuori, si avventurò fuori per procurarsi dei farmaci che attenuassero la sofferenza del padre, perché aveva avuto il nome del dipendente di un hospice noto per i suoi loschi traffici, lo aveva chiamato e quello gli aveva detto che se voleva parlargli doveva andare da lui di persona, e dalla voce sembrava cosí bianco che Anders non era per nulla allettato dall'idea di rivelargli il colore della propria pelle, ma si fece coraggio, caricò in macchina il fucile e andò da lui, e lungo il tragitto nessuno lo infastidí, e l'uomo con la voce da bianco in realtà era scuro, e Anders pensò che il suo aspetto non corrispondeva alla sua voce, e poi pensò, chissà, magari lui pensa lo stesso di me.

Anders spiegò la sua situazione, e non era chiaro se l'uomo gli credesse o no, comunque gli disse di cosa secondo lui aveva bisogno, e Anders pagò in contanti, e ovviamente non c'era nessuna ricetta, e non fecero neanche finta che ci fosse, c'era solo un sacchettino di carta marrone che per qualche motivo ricordò a Anders quand'era bambino e suo padre lo portava con sé al lavoro, e al cantiere si sedevano con tutti quegli uomini robusti che rispettavano suo padre, lo si capiva da come si comportavano, e lui si sentiva fiero di sedere con loro, un bambino in mezzo agli uomini, poi aprivano i loro sacchetti e pranzavano insieme, da pari a pari.

Mentre tornava da suo padre con gli antidolorifici, stringendo il volante con entrambe le mani, Anders notò quanti volti scuri si vedevano, e come la città era diversa, un posto diverso in un Paese diverso, con tutta quella gente scura in giro, piú gente scura che gente bianca, e la cosa lo mise a disagio, per quanto anche lui fosse scuro, ma lo rassicurò vedere che alcuni negozi avevano riaperto e i semafori funzionavano quasi tutti, e si trovò anche a superare un'ambulanza che procedeva normalmente, senza la sirena accesa, andando da un posto all'altro in una giornata come le altre, senza fretta, e fu pazzesco, e quando arrivò a casa andò da suo padre e gli diede i farmaci, poi passò di stanza in stanza ad aprire le tende, a spalancare le tende.

Uscire di sera era piú inquietante che uscire di giorno, e quando per la prima volta dopo mesi Anders uscí di sera, era tardi, molto tardi, dopo che Oona lo aveva chiamato proponendogli di andare da lei, e lui stava per dirle che era meglio se andava lei da lui, perché non gli piaceva l'idea di allontanarsi da suo padre, però non gli piaceva neanche l'idea di lei in macchina da sola a quell'ora, perché la situazione non era ancora del tutto stabilizzata, e continuavano a esserci sprazzi di violenza, e forse avrebbe dovuto dirle di vedersi l'indomani, ma nel modo in cui gli aveva parlato c'era qualcosa, qualcosa di invitante, di aperto, e poi mentre lei parlava lui si era accorto di avere una gran voglia di uscire, di vederla da qualche altra parte, e soprattutto di vedere casa sua, che aveva visto una sola volta, quand'erano ragazzi, e lui c'era andato con dei tipi che bazzicavano col fratello di Oona, e uno di quei tipi, l'aveva scoperto in seguito, all'epoca stava col fratello di Oona, e ora lui stava con Oona, piú o meno, e voleva stare a casa di Oona insieme a lei, e quando lei sollecitò una risposta e disse, allora, stiracchiando la parola come se nel mezzo ci fosse una molla, un allora lunghissimo, lui rispose di sí e si avviò.

Quella notte faceva freddissimo e non c'erano nuvole e la luna era tramontata, una falce di luna affilatissima, un sottilissimo squarcio nell'inchiostro del cielo, una luna affilata che aveva fatto poca luce e adesso se n'era andata, sotto l'orizzonte, e la notte era buia, un buio profondo e persistente, e molti lampioni erano spenti, e mentre l'attraversava in macchina, a Anders la città sembrava diversa che di giorno, sembrava irrisolta, ancora gravida di minacce, come se avesse un conto in sospeso e non potesse placarsi finché quel conto non fosse stato saldato, e poi Anders si disse di smetterla, di smetterla di agitarsi, si disse che doveva rilassarsi, o se non proprio rilassarsi quantomeno calmarsi, stando all'erta e con gli occhi ben aperti, e proseguí e non capitò nulla e poi era là.

Oona uscí ad accoglierlo e sussurrava e allora sussurrò anche lui e lei disse che sua madre dormiva e poi lo baciò, un bel bacio vigoroso, stringendosi a lui con tutto il corpo, ed entrarono facendo piano e lei lo condusse di sopra, indicando uno dei gradini e scuotendo il capo perché non ci posasse sopra un piede, e poi arrivarono nella sua stanza, e lui udí un ansito, ma lei sorrise come a dire di non preoccuparsi, e sussurrò, lei dorme cosí, intendendo la madre, e poi chiuse la porta, e c'era qualcosa in quel trovarsi nella sua camera di bambina, in quella che era ancora in parte la sua camera di bambina, con la madre nelle vicinanze, che la eccitava, ed eccitava anche Anders, e forse c'entrava anche la vaga paura del tragitto fin lí, ma erano eccitati l'uno dall'altra, e lui la spogliò e lei spogliò lui e fecero sesso nel piccolo letto di lei, e finché non ebbero finito quasi non si accorsero d'altro.

Ma quando ebbero finito Oona guardò la porta e la sua espressione cambiò, e Anders guardò la porta e la porta era aperta e sulla soglia c'era la madre di Oona, e lui la riconobbe ma lei non riconobbe lui, e per un istante Anders pensò che la madre si sarebbe messa a urlare, ma non urlò, e invece corse via, anzi, piú che correre, si trascinò via, si trascinò fuori dalla porta e lungo il corridoio e verso il bagno, e prima che ci arrivasse le vennero dei conati e non riuscí a trattenerli e si piegò in due e vomitò sulla moquette, vomitò e vomitò con gli occhi umidi e il naso umido, finché non ebbe piú nulla nello stomaco, e poi ancora, e Oona era lí accanto a lei, avvolta in un accappatoio, furiosa e rassicurante al tempo stesso, ma piú furiosa che rassicurante, e non si chinò ad aiutarla, ma rimase lí a guardarla, e l'uomo scuro che era Anders stava già uscendo, diretto alla macchina, e dalla strada giunse il rumore del motore che si accendeva, e poi Anders, ancora con l'odore di Oona addosso, se ne stava andando, se n'era andato.

Quando Oona cambiò non provò dolore, e sí, era sorpresa, ma in fondo lo sapeva che stava per succedere, ed era anzi un po' stupita che non fosse ancora giunto quel momento, e cosí restò a letto a vivere quel momento col cuore che le batteva forte ma senza panico, guardandosi le braccia, toccandosi la pelle, tastandosi la pancia e le gambe, e poi usando il suo corpo per alzarsi in piedi, e il suo corpo funzionava come prima, e non le sembrava di aver perso il suo senso dell'equilibrio, o che le sue proporzioni fossero diverse, anche se si sentiva, in un certo senso, piú leggera, piú scura certo, ma anche piú leggera, meno gravata, non piú magra, perché il peso non veniva dalla sua carne ma da qualche altra cosa, da qualche altra parte, dall'esterno di lei, forse da sopra di lei, e l'aveva portato per cosí tanto tempo senza rendersene conto, e adesso era sparito, come se la massa del pianeta fosse leggermente cambiata, e ci fosse meno forza di gravità.

Andò allo specchio e vide un'estranea, che restò una totale estranea solo per un istante, con quella bocca e quegli occhi portentosi, e poi un'estranea con cui Oona aveva fatto conoscenza, un'estranea sempre piú familiare, che Oona salutò guardandola negli occhi e che a sua volta la guardò negli occhi, finché non accennarono entrambe un minuscolo sorriso, Oona e quella donna scura, quella donna scura che fino a poco prima era un'estranea e che era anche Oona, innegabilmente Oona.

E non sapeva da dove venisse, ma a quel punto fu colta da un senso di malinconia, una tristezza per la perdita di qualcosa, e forse ciò di cui stava celebrando il lutto era il legame con la vecchia Oona, la faccia che aveva conosciuto e la persona che era stata, la persona dentro cui aveva vissuto e il suo aspetto, o se non si trattava di quello forse era in lutto per il legame con certi ricordi che aveva evocato, ricordi che ora si chiedeva se avrebbe continuato a evocare, per il legame con una persona connessa alla persona che un tempo era una bambina, e non aveva ancora perso il padre e il fratello, e non aveva ancora dovuto lottare per non perdere la madre, ma ovviamente anche le persone che in precedenza era stata avevano un aspetto diverso, avevano un aspetto diverso da quello che lei, Oona, aveva anche il giorno prima, e lei era cambiata anche prima di essere cambiata, era cambiata ogni decennio e ogni anno e ogni giorno, e allora pensò che non c'era motivo per cui dovesse perdere i suoi ricordi, quelli che voleva conservare.

E in ogni caso la malinconia fu solo passeggera, o quantomeno fu passeggera quel mattino, perché la leggerezza era piú forte della malinconia, la sensazione di stare evadendo da una prigione da cui desiderava evadere, perché la sua vita era ormai piena di tensione, e per tanto tempo non c'era stata via di scampo, era stata quella la sensazione, la sensazione che non ci fosse via di scampo, e adesso invece una via di scampo sembrava esserci, sembrava che avrebbe potuto mutare pelle come muta pelle un serpente, senza violenza, e anche senza freddezza, che avrebbe potuto abbandonare la reclusione del passato e, affrancata, riprendere a crescere.

Parte terza

Capitolo dodicesimo

Quando la madre la vide, capí che era Oona, e sedette sul divano e restò in silenzio, e poi Oona disse, mamma, e la madre la guardò, ma le guardò le gambe, i jeans che indossava, jeans che aveva da molto tempo, e poi le scarpe da ginnastica, scarpe luccicanti che aveva comprato l'autunno precedente, e non la faccia, la faccia di sua figlia che adesso era nuova di zecca, e Oona disse, mi dispiace, e non sapeva perché l'avesse detto, e la madre restò in silenzio per un istante, e per un altro istante ancora, ma poi non restò piú in silenzio e disse, forse dovremmo fare colazione, e Oona sentí che quella era la cosa migliore, la cosa migliore che sua madre potesse dire, e se non lo sentí, volle fare come se l'avesse sentito, e sorrise e annuí e disse, sí, ci siamo quasi.

In cucina Oona si diede da fare coi piatti e i fornelli e il frigo e un coltello. Ultimamente la frutta si trovava con difficoltà, però avevano delle barbabietole fresche di un bel color porpora, e allora le pelò e le tagliò a dadini insieme alle patate, le fece bollire e poi le saltò in padella con la cipolla e quattro uova, e alla fine la loro colazione era gustosa e variopinta, e dolce come piaceva a sua madre, e anche se non era chissà che, non era nemmeno una colazione qualsiasi.

La madre tenne gli occhi fissi sul cibo mentre mangiava e non parlò molto, però disse, è buono, e a Oona bastò, e a un certo punto Oona intravide il proprio riflesso su un cucchiaio da portata pulito, un riflesso curvo e deformato e opaco, ma significativo per il suo essere scuro, significativo per la testa scura troppo piccola compressa in quella concavità, in qualche modo piú scura della mano che teneva il cucchiaio, e Oona usò il cucchiaio per raccogliere i residui di cibo nella padella e il riflesso svaní e il cucchiaio tornò a essere un cucchiaio e non uno specchio da luna park.

La madre restò lí seduta e si ficcò in bocca la colazione, un pezzo alla volta, e continuò a masticare e inghiottire anche se aveva la bocca sempre piú secca e le mascelle sempre piú stanche e inghiottire diventava sempre piú difficile, e sapeva che per Oona doveva essere dura, doveva essere dura per la sua povera figlia, un tempo cosí bella, essere cosí adesso, avere quell'aspetto, avere perso tutto, e lei, sua madre, ovviamente era una brava persona, una brava, brava persona, e voleva esserle di sostegno, e fece del suo meglio per tenersi tutto dentro e restare a tavola, ma era una fatica, una fatica insostenibile, e quando la sua forza di volontà venne meno, smise, smise di mangiare, smise anche di masticare, e lasciò nel piatto il poco che era rimasto, e spinse indietro la sedia, e si alzò e salí in camera sua al piano di sopra e sputò nel lavandino quel che aveva ancora in bocca e aprí il rubinetto per spingere via i pezzettini che erano rimasti incastrati nei pertugi dello scarico, e si disse, puoi farcela, puoi farcela, però in quel momento non ce la faceva, e chiuse la porta della camera e quella mattina non ne uscí piú.

Oona attese che tornasse, anche se sapeva che non sarebbe tornata, e la sua attesa era come una veglia, ma le veglie hanno una durata, non durano in eterno, e cosí dopo un po' si alzò e sparecchiò e rassettò la cucina e lavò e strofinò i piatti, e quando ebbe finito aveva le dita raggrinzite, e non sembravano dissanguate, svuotate dall'interno, come le capitava prima quando lavava i piatti, ma grigie, come se fossero coperte da una patina di gesso, o come se da un terreno allagato fosse emerso in superficie il sale, e allora prese della crema e le sfregò e sfregò, si sfregò e sfregò le dita finché non tornarono a essere floride e luminose, e il marrone fu di nuovo vivido.

Oona arrivò a casa del padre di Anders e Anders uscí ad accoglierla, e lei alzò le braccia a metà, coi palmi in su, come a dire, eccomi qui, e Anders la fissò e disse, uau, e scosse la testa, e poi lei lo baciò e il bacio sembrava diverso perché le labbra di lei erano diverse, o forse le labbra di lui sembravano diverse sulle labbra di lei diventate diverse, e lei gli disse che le dispiaceva per quel che era successo, e lui strizzò la bocca in una smorfia e disse un piccolo grazie, e lei vide la tristezza nei suoi occhi e si rese conto che lui pensava che non si stesse scusando per il comportamento di sua madre la notte prima, come in realtà intendeva fare, ma gli stesse facendo le condoglianze per il padre, e quando entrò e vide quant'era grave la situazione capí di essere arrivata nel momento in cui la vita di Anders come figlio stava per finire, e davvero in quel momento a lui non importava di nient'altro che quello.

Oona stringeva la mano di Anders, e con l'altra mano Anders stringeva quella di suo padre, e restarono cosí, formando una specie di catena, e a Oona sarebbe piaciuto parlare col padre di Anders, e chiedergli di suo figlio quand'era bambino, e della madre, e di lui, di lui da giovane quando non era ancora il padre di Anders, ma il tempo della conversazione era passato, almeno per lei e il padre di Anders, e restavano solo la compagnia e l'attesa.

Per Anders invece negli ultimi giorni ci furono ancora dei momenti in cui suo padre gli parlava, giusto una parola qua e là, o di tanto in tanto una brevissima frase, e lui era contento di quei momenti, anche se non sempre capiva, perché suo padre non parlava piú con la chiarezza di un tempo, e in quei giorni, quando venivano pronunciate parole che non erano altro che suoni, Anders percepiva la presenza di sua madre, o comunque percepiva i suoi ricordi di lei e la mancanza di lei, e sperava che anche il padre percepisse sua madre.

A volte il padre guardava la persona scura seduta al suo capezzale e sapeva che era suo figlio, a volte invece guardava Anders e non sapeva chi fosse, però sapeva di avere un dovere verso quella persona, sapeva di essere tenuto a darle quel che poteva, e cosí cercava di farlo, e faceva del suo meglio anche e soprattutto quando non era sicuro di chi fosse, perché provava un sentimento paterno, o forse un sentimento filiale, come se il figlio fosse lui e quella persona fosse il padre, entrambi padre, entrambi figlio, e avessero un legame, e quindi avrebbero fatto quel passaggio insieme, o se non insieme, almeno non vi si sarebbero avvicinati da soli.

Ormai in città erano cambiati quasi tutti, e non restava che qualche ritardatario, persone pallide che vagavano come fantasmi, come se quello non fosse il loro posto, però quei fantasmi sapevano di avere i giorni contati, e quindi piú che spaventare gli altri erano spaventati loro, quando passavano la gente li osservava, e a volte non riuscivano a dormire perché non sapevano cosa sarebbe accaduto mentre dormivano, ancora piú di quanto accada di solito, cosa non sorprendente, dato che anche in circostanze normali quando si è svegli addormentarsi può sembrare impossibile, e poi succede, e non è una possibilità, ma un sogno vivente, abitato e, per quanto sembri impossibile, già iniziato.

La maggior parte dei negozi e uffici e ristoranti e bar riaprirono, e anche la maggior parte dei benzinai, e i danni furono riparati, i vetri rotti spazzati via e i segni degli incendi intonacati e ridipinti, tranne nei locali i cui proprietari non c'erano piú, erano morti o fuggiti, quei posti rimasero com'erano, diventando sempre piú decrepiti, memento di ciò che era accaduto, severe accuse, crepe nel manto stradale che lasciavano presumere qualche problema nelle fondamenta della città.

Anders passò a trovare il suo capo alla palestra e il suo capo era molto scuro, e ancora molto grosso, forse ancora piú grosso, anche se forse era un effetto del colore, e in lui c'era qualcosa di ferito, forse qualcosa di spezzato, ma cercò lo stesso di sorridergli come se fosse tutto uno scherzo, e quando gli spiegò di suo padre e disse di aver bisogno di un po' di tempo, il capo rispose che non era un problema, e disse parole che non erano strane, che non avrebbero dovuto essere strane, ma che per lui lo erano, per lui qual era stato prima, e quel che disse, quasi con esitazione, era che gli dispiaceva per Anders e per il suo vecchio, e che augurava a tutt'e due buona fortuna.

Anders non riconobbe nessun altro alla palestra, e mentre guidava verso casa pensò che ci sarebbe voluto del tempo prima che la gente riuscisse a capire chi era chi, a parte ovviamente quelli che erano già scuri prima, e si chiese se quelli che erano nati scuri cogliessero la differenza, riuscissero a distinguere fra chi era sempre stato scuro e chi lo era diventato solo di recente, e mentre guidava cercò di indovinarlo in base al modo in cui le persone camminavano o si muovevano, o dal loro aspetto, e non capiva se quelle che sembravano piú ritrose, piú ritirate in se stesse, quelle che si coprivano il volto, lo facessero perché era una cosa da persona scura, era ciò che le persone scure facevano da molto tempo, o se invece lo facessero perché erano diventate scure e cercavano di nascondersi come faceva anche lui quand'era cambiato da poco, o se non fosse né l'una né l'altra cosa, e la gente lo avesse sempre fatto, e lui se ne accorgesse solo ora perché solo ora ci faceva caso.

Anche Oona, mentre attraversava la città e tornava al lavoro, fece l'esperienza di reimparare chi era chi, o quale nome appartenesse a chi, perché la persona che eri non era piú la stessa di un tempo, e anche lei era ancora Oona ma non piú Oona, era cambiata per il fatto di essere cambiata, anche se non avrebbe saputo spiegare esattamente come, se non che riusciva a distinguere meglio le persone scure l'una dall'altra perché coglieva delle gradazioni piú sottili nella grana della pelle e nella forma degli zigomi e nel tipo di capelli, come se le persone fossero improvvisamente diventate alberi, tutti alberi, e nessuno fosse qualcos'altro, e le si potesse distinguere in base ai rami e la corteccia e le foglie e l'altezza, ma non al punto che una sembrasse un albero e un'altra sembrasse appartenere a una diversa categoria di vegetali, un muschio, ad esempio, o una felce.

C'era una sorta di cecità nel vedere la gente in quel modo, e Oona si imbatteva in gente che conosceva senza accorgersi di conoscerla, e trovava piú difficile valutare che tipo di persona una persona fosse, se fosse simpatica o cordiale o pericolosa, ma a quella cecità, come alla vera cecità, si accompagnava un nuovo tipo di vista, altri sensi che si facevano piú acuti, una sensazione che derivava dal modo in cui le persone parlavano, dal modo in cui muovevano la bocca, e dall'espressione nei loro occhi, dalla luce che vi si coglieva, se di curiosità o di collera, e lei faceva piú fatica a relazionarsi con la gente, dovendo ripartire ogni volta da zero, ed era stancante, e cosí a fine giornata era esausta, ed era parecchio che non faceva sonni cosí profondi.

Una volta stava guidando e un'auto della polizia le si accostò e la poliziotta non sembrava per nulla una poliziotta, e per un istante lei si chiese se quella donna fosse mai sembrata una poliziotta, e poi la donna la guardò e aveva il tipico sguardo da poliziotta, sguardo che indusse Oona a fingere un sorriso obbediente e distogliere subito gli occhi, e allora pensò che, fosse o meno un'impostora, la donna interpretava bene quel ruolo.

Capitolo tredicesimo

La madre di Oona fu tra gli ultimi in città a cambiare, ed era una cosa che un po' temeva e un po' la rendeva orgogliosa, dato che aveva fatto del suo meglio e resistito piú a lungo degli altri, di quasi tutti gli altri, anche se a volte pensava al contrario di non aver fatto nulla, e che non c'era alcun motivo se lei aveva tardato tanto, che quel ritardo non era un successo, era solo che le cose stavano cosí.

Andò in camera di Oona, e Oona stava ancora dormendo, e quando lei si sedette sul letto Oona si svegliò e trasalí, e per un momento lei vide la paura nei suoi occhi, prima che la figlia capisse cosa stava succedendo, e questo le fece male, perché nessun genitore vorrebbe vedere spaventato un figlio amato, men che mai spaventato alla propria vista, ma in un certo senso le fece anche piacere, le fece piacere che la figlia si fosse lasciata sfuggire quel moto di paura vedendo un'estranea dalla pelle scura, perché le sembrava che questo la privasse di un'arma, e le avvicinasse, spingendo entrambe a ricordare in modo piú equo i loro litigi.

Oona passò quei primi giorni, quei primi giorni dopo che la madre era diventata scura, a preoccuparsi che potesse farsi del male, perché pensava che fosse spezzata, e potesse non aver piú voglia di restare, e cosí per un paio di notti quasi non dormí, e andava di continuo a vedere come stava, e anche se aveva ricominciato a lavorare si prese qualche giorno di permesso per restare a casa e tenerla d'occhio, ma la madre non dava alcun segno di voler porre fine alla propria vita, di prepararsi a un'overdose di pillole o a tagliarsi i polsi nella vasca da bagno, anzi, sembrava migliorata dal cambiamento, o se non migliorata, in un certo senso sollevata, come una persona che ha il terrore dell'otto volante ma è stata convinta dagli amici a farci un giro con loro, e quando poi scende dalla giostra si sente scossa e stremata, magari perfino tradita, ma essendosi tolta il pensiero, è pronta a continuare, a continuare con quel che resta del tardo pomeriggio.

Nulla di tutto ciò significava che per la madre di Oona fosse facile, anzi, per un certo periodo fu annichilita, e meditabonda, e non volle vedere nessuno, né farsi vedere da nessuno a parte Oona, del resto era da un bel po' che conduceva una vita ritirata, e aveva passato l'inverno chiusa in casa, e seguiva con rinnovato interesse i suoi conoscenti sui social, e anche tutti loro erano cambiati, e alcuni avevano cominciato con una certa esitazione a postare delle foto, foto di se stessi com'erano adesso, come se partecipassero a uno scandaloso carnevale in corso in tutta la città, e lei invece non postava nessuna fotografia, e non scriveva niente, e guardava e guardava e guardava, ma non partecipava.

Oona si chiedeva se sua madre sarebbe crollata in seguito, se nel giro di uno o due mesi sarebbe sprofondata in quella disperazione annichilente che lei temeva, ma si chiedeva anche il contrario, ovvero se sua madre fosse spezzata come lei pensava, se non avesse al contrario sempre avuto le risorse per tirare avanti e fosse semplicemente in lutto, cioè, non semplicemente, perché nel lutto non c'era nulla di semplice, ma prevalentemente, prevalentemente in lutto, com'era del tutto lecito a una donna che aveva perso il marito e il figlio, e se non fosse invece la sua paura a spingerla a esagerare la paura della madre, e non sapeva, col senno di poi non sapeva se le cose fossero state davvero cosí precarie come lei aveva immaginato, sapeva solo che adesso sembravano, forse, un po' meno precarie, e questo in qualche modo la tranquillizzava, la rilassava, almeno un po', alleviava almeno un po' il suo nervosismo, e la rendeva, leggermente ma percettibilmente, piú capace di abbandonarsi al sonno quando dormiva.

Una sera vide sua madre che guardava sui social il profilo di una coppia di attraenti coniugi scuri, una donna e un uomo con un portamento notevole ma anche l'aria schiva, come se fossero al tempo stesso orgogliosi e imbarazzati, e sua madre continuava a guardarli, e lei pensò, senza esserne certa, che la madre li conoscesse, perché le sembrava che avessero qualcosa di familiare, ma poi, quando diede un'occhiata alle fotografie precedenti, le fotografie di quand'erano piú chiari, non li riconobbe.

Il padre di Anders morí una mattina limpida e fresca, poco dopo l'alba, e in quel momento Anders era con lui nella stanza, perché quella notte aveva notato un cambiamento nel suo modo di respirare, ed era rimasto lí con lui, e il padre aveva aperto gli occhi nel buio e l'aveva visto al suo capezzale, Anders che guardava lui che lo guardava, e poi aveva richiuso gli occhi e il suo respiro già affannoso si era fatto ancora piú affannoso, finché lo sforzo non era divenuto palpabile, e l'ansito aveva riempito la stanza, come se il padre respirasse attraverso un tessuto che diventava sempre piú spesso, e la fatica richiesta ai suoi polmoni fosse sempre piú grande, e quando smise di respirare fu dopo un respiro possente, un respiro possente che gli portò via tutto, che gli portò via se stesso, e dopo quel respiro il padre di Anders non c'era piú.

All'inizio Anders non pianse, rimase lí seduto, come se lui e suo padre aspettassero qualcosa, e la mano nella sua mano non era ancora fredda, e solo quando tirò fuori il cellulare, un cellulare che in quel momento odiava, detestandone l'irriverenza, la falsità del modo in cui lo distoglieva da quella che sentiva come una sacra immediatezza, solo quando ebbe in mano quel parallelepipedo di vetro e metallo, e lo schermo si accese e lui cercò di usarlo con una sola mano, anzi con un solo pollice, solo allora scoppiò a piangere, e singhiozzò cosí tanto e cosí forte che ne fu sorpreso, e avrebbe voluto zittirsi, e Oona, che rispose, non riuscí a capire cosa stava dicendo, però capí cos'era successo, cosa doveva essere successo, e prese l'auto e poco dopo era lí.

Il padre di Anders era morto senza lasciare debiti e avendo già pagato per il proprio funerale, essendo entrambe per lui questioni di principio, ed essendo lui di principî rigorosi e poco comuni, e aveva spiegato per tempo a Anders quel che doveva fare, ed erano arrivati gli uomini delle pompe funebri, simili a idraulici ben vestiti, e l'avevano caricato sul carro funebre e portato alla camera ardente, e Anders e Oona li avevano seguiti, come se Anders temesse che suo padre venisse rubato o smarrito, e solo quando giunsero a destinazione si lasciò convincere a staccarsi da lui, dopo che quei professionisti gli spiegarono che sarebbe potuto tornare a vederlo appena fosse stato preparato, e glielo spiegarono nel modo giusto, avendo esperienza in quel campo, ma soprattutto gli parlarono in tono fermo e ragionevole senza peraltro sminuire l'enormità della situazione, e lui li ascoltò come altri li avevano ascoltati prima di lui, e fece come gli era stato detto e andò a casa.

Nel viaggio di ritorno, il sole splendeva come se nulla fosse accaduto e per terra non c'era neve e qua e là c'erano sprazzi di verde ed era una giornata normale che avrebbe potuto quasi essere una bella giornata, una giornata che lasciava intendere, in modo inappropriato, in modo stridente, che presto l'inverno sarebbe finito, e che cominciava a spuntare la primavera, e tutto ciò colpí Anders, che non aveva dormito e aveva gli occhi rossi, lo colpí dritto in faccia.

Anders era stato con suo padre per tutto quel periodo in cui altri padri sarebbero stati in ospedale, e poiché a casa erano loro due soli, la morte del padre era stata per lui una cosa intima, a differenza di com'era stata per Oona la morte del padre o la morte del fratello, era stato un modo piú antico di morire, e Anders si sentiva a disagio adesso, separato dal padre, avendo lasciato ad altri il compito di prepararlo per la sepoltura, e continuava a dire, dovrei stare con lui, dovrei stare con lui, e Oona non sapeva quale fosse il modo giusto di rispondere, ma sapeva anche che la risposta non aveva importanza, e cosí si limitava ad abbracciarlo e a ripetergli, starai con lui, amore, abbi pazienza, starai con lui.

Oona si sentí dire la parola amore, e la commosse e le fece piacere dirla, e mescolato alla tristezza di quei momenti c'era anche un piacere, un piacere nel dire quella parola e nel sapere che era vera, come se non ci fosse altro modo per capirlo salvo provare a dirla e sondarne la consistenza, e ora ci aveva provato e sí, ne sentiva la consistenza.

Forse Anders idealizzava suo padre e forse suo padre costituiva per lui un legame con il lontano passato, con tradizioni con cui non aveva ancora familiarità e con cui ormai non avrebbe mai piú avuto familiarità, ma gli venne da pensare che avrebbe dovuto scavare lui la fossa al padre, scavarla con le sue mani, e allora si domandò se suo padre avesse scavato la fossa a suo nonno, e per qualche motivo pensava che sí, forse sí, e stava per chiamare il cimitero per chiedere se poteva farlo, ma poi si trattenne e si disse che era una follia e non chiamò, non chiamò anche se sentiva fra le mani la consistenza del manico di legno e il peso del badile che intaccava la terra, ma in seguito rimpianse quella sua decisione, la rimpianse, non amaramente, no, solo debolmente, però la rimpianse fino all'ultimo giorno della sua vita.

Al funerale di suo padre la bara era per metà aperta, e gli ricordò la porta di servizio della loro casa, che era composta di due parti, e a volte, quando lui era bambino, suo padre si piazzava lí, con la parte inferiore chiusa e quella superiore aperta, e gli piaceva posare una mano sul bordo e fumare con l'altra, e intanto lo guardava con un'espressione che lui non riusciva a interpretare, non con affetto, non esattamente, ma neanche senza affetto, piú come se stesse cercando di capire una cosa, e adesso gli occhi di suo padre erano chiusi, e aveva il viso truccato, cosa che lo rendeva un po' strano, e Anders non riusciva a vederne l'espressione, e non l'avrebbe mai piú rivista.

Anders pensava che avrebbe detestato il servizio funebre, invece non lo detestò, anzi, fu confortante essere lí con quelle altre persone venute a porgergli le loro condoglianze, e lui, finché non si presentavano, non capiva chi fosse chi e chi fosse cosa, anche se qualcuno riusciva a indovinarlo, e non erano molti, ma erano abbastanza, il numero giusto, essendo presenti tutti coloro che ci tenevano, e la cerimonia ebbe l'effetto che doveva, ovvero rendere reale quanto era accaduto, e unire lui e gli altri nella condivisione di quel che avevano perduto, e il padre di Anders, con la sua pelle chiara, era l'unica persona dalla pelle chiara presente, l'unica persona dalla pelle chiara dell'intera città, perché a quel punto non ne erano rimaste altre, e poi la bara fu chiusa e venne il momento della sepoltura, e fu consegnato alla terra, l'ultimo uomo bianco, e dopo, dopo di lui, non ce ne furono piú.

Capitolo quattordicesimo

Da settimane la madre di Oona non parlava molto, e fissava fuori dalla finestra, e si fissava le mani e fissava i suoi schermi, e sugli schermi non riusciva a non tornare su alcuni dei siti che frequentava prima, e alcuni di quei siti non c'erano piú, o tacevano, alcuni invece erano attivi, e in alcuni di quelli attivi si parlava della fine del mondo.

Il caos terminale si stava avvicinando, dicevano, una discesa nel crimine e nell'anarchia, e nel cannibalismo, un cannibalismo dettato dalla fame, e anche, peggio ancora, dettato dalla volontà di vendetta, e ci sarebbero stati spargimenti di sangue, e tutti dovevano prepararsi per la fine, stringersi a chi la pensava come loro o barricarsi in casa, pronti all'ultima battaglia, l'ultima battaglia prima di essere sopraffatti, perché il fatto di essere scuri non era una protezione, loro la coglievano la differenza, capivano chi eravamo, cosa eravamo, e sarebbero venuti a prenderci adesso, adesso che eravamo ciechi e non ci riconoscevamo, non riconoscevamo chi di noi era davvero dei nostri, e sarebbero venuti a prenderci come predatori nella notte, ghermendo le loro prede nel momento in cui erano indifese.

La madre di Oona leggeva dell'efferatezza delle persone scure, di come ce l'avessero dentro fin dall'inizio, e si fosse manifestata piú e piú volte nel corso della storia, e non la si potesse negare, e leggeva gli esempi, gli esempi di quando gruppi di bianchi erano stati sopraffatti, e gli stupri i massacri le torture a cui eravamo stati sottoposti, e come quello fosse il loro modo di agire, il modo di agire delle persone scure ogni volta che avevano la meglio, ed era spaventata, spaventata da quel che leggeva, ma forse meno di quanto aveva temuto, perché sua figlia andava e veniva in bicicletta, e le sorrideva ogni volta che arrivava, e la posta veniva consegnata ogni giorno, troppa posta, con troppe bollette, e le piante stavano mettendo le foglie, e il suo giardino era in boccio e, nel primo pomeriggio di certi giorni di sole, faceva abbastanza caldo da aprire le finestre, e l'odore che entrava in casa era odore di primavera, l'odore che una volta suo marito aveva definito, facendole l'occhiolino, l'odore del tempo di spassarsela.

La madre di Oona non aveva smesso di andare su quei siti, ma ci andava sempre meno, perché la allarmavano, o non solo perché la allarmavano, ma perché la allarmavano e lei non voleva essere cosí allarmata, non piú, e il contrasto fra quei siti e il mondo intorno a lei era troppo sconcertante, e lei non metteva in dubbio quel che dicevano, avevano il cuore al posto giusto e sapevano tante cose, però lei non lo apprezzava piú cosí tanto, e cosí, senza averlo messo in conto ma non senza una motivazione, passava sempre meno tempo in rete, quanto a Oona, si accorse che la madre cominciava, poco a poco, a essere pronta, la sera, a parlare.

Anders andava al cimitero ogni fine settimana, e di solito c'era anche Oona, e se lei aveva passato la notte da lui ci andavano insieme, altrimenti si incontravano lí, e una volta, arrivando che lei non c'era ancora, Anders notò quanti uccelli c'erano e poi vide Oona che si avvicinava e scendeva dalla bicicletta e la legava alla recinzione con una catena spessa e un lucchetto massiccio, perché le bici rischiavano, come sempre, di venire rubate, e lei stava camminando verso di lui, e sembrava piú alta di quanto non fosse, perché il suo portamento dava un'illusione di altezza, la sua andatura dinoccolata, a lunghe falcate e mento sollevato, rilassata e al tempo stesso scattante, come se stesse per mettersi a ballare, o a volare, e allora lui guardandola si sentí fortunato, fortunato ad avere Oona che gli si avvicinava, con la schiena dritta nonostante tutto il peso che portava, e le fece un cenno di saluto e lei lo fece a lui, ed era la prima volta da un bel po' di tempo che si sentiva fortunato.

La madre e il padre di Anders erano l'una accanto all'altro nel cimitero, in due tombe adiacenti che quel pomeriggio erano all'ombra di un albero, un albero che aveva perso una grossa porzione del tronco e ne serbava la cicatrice, una cicatrice che probabilmente ospitava piccole creature, anche se in quel momento non se ne vedeva nessuna che ci zampettasse o strisciasse sopra, sopra quell'albero che si protendeva storto verso il cielo, in equilibrio precario ma radicato e massiccio alla base.

Molti non apprezzavano i cimiteri e cercavano di tenersi alla larga, ma da quel punto di vista Anders e Oona facevano eccezione, non che fossero propriamente contenti di trovarsi lí, ma in quel cimitero sentivano qualcosa, e v'indugiavano a lungo, fra gli alberi e le piante e le tombe, e fra i rari visitatori, perché di solito ce n'erano pochi, se non nessuno, e loro due si trattenevano un po', quasi sempre da soli, e cercavano una panchina, o uno spiazzo erboso, e sedevano a volte per ore, parlando oppure in silenzio, e in qualche modo si sentivano a casa.

Quel giorno passeggiarono, lentamente, persi nei loro pensieri, posando lo sguardo sulle tombe di sconosciuti, leggendo ogni tanto un'iscrizione ad alta voce, e Anders disse a Oona che, prima della morte di sua madre, era stato di rado in un cimitero, anzi, a pensarci bene non ricordava la prima volta che c'era stato, e Oona disse che anche lei non ricordava la prima volta che c'era stata, però ricordava la sepoltura di suo padre, a cui era stata presente tutta la famiglia, e ricordava che in seguito suo fratello non aveva piú voluto andarci, e non litigavano spesso, lei e suo fratello, ma c'era stata una volta in cui la madre avrebbe voluto andarci con tutt'e due e il fratello aveva detto di no, e a lei non era piaciuto il modo in cui il fratello l'aveva detto, perché l'aveva detto in modo molto sgarbato, ma non solo per quello, anche perché nella sua sgarbataggine lei aveva percepito la paura, percepito il terrore, un terrore con cui da allora la sua famiglia aveva sempre convissuto, e quel tono nella voce del fratello l'aveva allarmata, e quella volta avevano litigato, litigato di brutto, ma lui non aveva ceduto e non c'era andato, e alla fine non ci sarebbe mai andato, in quel cimitero, finché non vi era stato sepolto anche lui.

Anders le chiese se voleva andarci adesso, e lei ci pensò, se voleva andare adesso al cimitero dov'era sepolto suo padre e dov'era sepolto suo fratello nel posto che doveva essere per sua madre ma che non sarebbe stato occupato da sua madre, e si rese conto che sí, le sarebbe piaciuto andarci, non subito, ma un po' piú tardi, sí, le sarebbe piaciuto andarci con Anders prima che facesse buio, ma non c'era fretta, potevano prendersi tutto il tempo, si sentiva tranquilla lí, e i cimiteri erano come aeroporti, erano tutti collegati, e sorrise e gli chiese se aveva capito cosa intendeva, e anche lui sorrise, e annuí e disse di sí.

Continuarono a passeggiare, e Anders la cinse con un braccio, e in quel momento gli venne il sospetto che in loro due ci fosse qualcosa di diverso, in lui e Oona, pensò che forse percepivano i morti in un modo in cui non tutti li percepivano, che alcune persone si nascondevano dai morti e cercavano di non pensarci, invece loro due no, loro percepivano i morti ogni giorno, ogni ora, vivendo la propria vita, e per loro percepire i morti era importante, era un aspetto importante del loro personale modo di vivere, era una cosa da cui non sentivano di doversi nascondere, perché da quella cosa non ci si poteva nascondere, non si poteva proprio.

Qualche sera dopo, finito di lavorare, Anders e Oona fecero una passeggiata nelle vie del centro, e in una gelateria c'erano due bambini che stavano scegliendo i gusti insieme ai genitori, e i bar erano, se non affollati, comunque non piú deserti, e Anders e Oona entrarono in uno di quei locali e si sedettero su due sgabelli alti e ascoltarono la musica, per fortuna a volume non troppo alto, e si guardarono intorno nella penombra rossastra, solo vagamente rossa e non tanto buia, e ordinarono whiskey e brindarono senza sollevare i bicchieri ma facendoli scivolare sul bancone, vetro contro vetro, piú con un tonfo che con un tintinnio, e poi si portarono il bicchiere alle labbra e bevvero il liquore dorato, e il whiskey gli bruciava in bocca e nella gola, perché avevano fame, e anche sete, e non c'erano piú abituati.

Nessuno dei due usciva a bere qualcosa da molti mesi, e adesso sembrava quantomeno bizzarro essere lí, e nessuno in quel bar sembrava del tutto a proprio agio, né il barista né gli uomini intorno all'unico tavolo occupato, né Anders e Oona, nessuno di loro, nessuna di quelle persone scure avvolte in quella luce colorata da bar e intente a riprendere confidenza con una situazione cosí familiare eppure cosí strana, e Oona, notandolo, si domandò se fosse davvero cosí, o se fosse che le persone sembravano a disagio quando pensavi che lo fossero, come sembravano pazze quando pensavi che fossero pazze, e forse invece avevano lo stesso aspetto di sempre, lo stesso aspetto, solo scuro.

Mentre ci rifletteva e il whiskey le scendeva nello stomaco, la sua prospettiva cambiò e gli altri non le parvero piú cosí fuori posto, e neanche Anders, e lei non si sentiva piú cosí stramba, erano solo persone e quello era solo un bar e quelli erano solo bicchieri e Anders stava solo parlando, e lei lo ascoltò cogliendo la seconda metà di quel che stava dicendo, e non c'era piú differenza, non c'era piú alcuna differenza, e quella per Oona diventò una serata come tante altre.

Finirono i loro whiskey e decisero di cenare al ristorante, e lí vicino c'era un posto che a lei piaceva, un posto che non serviva carne e non serviva piatti che fingevano di essere carne, e gli ingredienti erano sempre locali e variavano a seconda delle stagioni, e mentre ci andavano Oona si rese conto di non sapere se fosse aperto, o se esistesse ancora, e invece c'era ancora, ed era aperto, e c'erano le proprietarie, due donne, e Oona sorrise a una delle due e le sembrò di conoscerla, e la donna ricambiò il sorriso come se anche lei conoscesse Oona, e Oona ne fu sorpresa, perché come poteva conoscerla, e poi si rese conto che probabilmente quella donna faceva cosí con tutti, trattando ogni persona che arrivava come un habitué di ritorno.

La cena fu un piacere e un gradito segnale di normalità, e il cibo non era troppo pesante, e bevvero solo acqua, acqua senza ghiaccio, e sentivano dentro il whiskey, non tanto ma lo sentivano, nello stomaco e nelle vene e nel fiato, e apprezzarono il gusto di quei gusti insoliti e la sensazione di stare con altre persone, perché il ristorante era pieno per un quarto, anche se era tardi, e quando uscirono era spuntata la luna e passeggiarono un po', ed erano molto rilassati, rilassati finché un uomo non cominciò a seguirli, un uomo scuro che prese a camminare alla loro stessa andatura, e poi si avvicinò, e sia Anders sia Oona se ne accorsero e percepirono il suo avvicinarsi, e all'improvviso l'uomo gridò, ed entrambi trasalirono, anzi, piú che trasalire rimasero scioccati, e si girarono ad affrontarlo, tutt'e due ansimanti e Anders coi pugni alzati, e l'uomo si mise a ridere, si piegò in avanti e si mise a ridere, e poi si voltò, ancora piegato e ancora ridacchiante, e si allontanò adagio.

Capitolo quindicesimo

La madre di Oona si era aspettata una resa dei conti, e quando quella resa dei conti non arrivò, quando coloro che erano stati bianchi non vennero catturati e imprigionati o frustati o uccisi, se non in una manciata di casi in cui i crimini commessi erano stati particolarmente efferati e i colpevoli erano noti e rintracciabili, quando in quelle settimane iniziali dopo che la trasformazione della città fu compiuta e non ci fu alcuna vendetta di massa, lei cominciò a rilassarsi, e scoprí che non le dispiaceva trovarsi fuori tra la gente e non essere diversa dagli altri, non visibilmente diversa, impossibile da identificare a colpo d'occhio come appartenente a una tribú invece che a un'altra, e che era una sorta di dilazione, come quando era bambina e la sua insegnante aveva capito che tutta la classe aveva copiato e invece di chiamare il preside si era limitata a dire che non avrebbe tenuto conto di quel compito in classe, il senso chiaro ma la sentenza sospesa, e la cosa era finita lí.

Però la madre di Oona ne sentiva la mancanza, le mancava l'essere bianca, ma ancor piú le mancava l'essere bianca di sua figlia, e a volte si chiedeva se i suoi nipoti avrebbero potuto essere bianchi, se per loro ci fosse ancora una possibilità, ma nel profondo del cuore sapeva che probabilmente non lo sarebbero stati, e questo la intristiva, ma non al punto da non volere dei nipoti, un desiderio che si era riacceso, dato che aveva cominciato a interessarsi alla vita amorosa della figlia.

Era chiaro che la figlia era cotta di quel ragazzo, Anders, e lei voleva che le cose fra loro si aggiustassero, perché lui non era piú venuto a trovarla, e Oona le aveva detto che suo padre era morto, e allora lei disse che voleva fargli le condoglianze, e la figlia gli telefonò e Anders disse che andava bene, e cosí passarono a trovarlo, e non parlarono di quel che era accaduto quella notte, una notte che entrambi volevano dimenticare, e la madre di Oona se ne intendeva di morti, e cosí si sedette accanto a lui e dopo qualche parola di circostanza gli prese la mano, sorprendendo Oona, e anche Anders, e forse anche se stessa, e gli disse che anche lei era stata figlia unica, cosa al tempo poco comune, e ricordava la morte di suo padre, che se n'era andato dopo che se n'era andata sua madre, quando lei non era ancora sposata, e lei lo capiva cosa significava essere giovani e restare soli nella casa del defunto, e Anders la guardò e sembrava sul punto di mettersi a piangere, ma non pianse, e invece sorrise, e lei guardandolo vide che stava fissando Oona, e Oona aveva le lacrime agli occhi, gli occhi erano umidi, pieni di lacrime che non cadevano, e fece spallucce, e allora la madre la chiamò e la strinse a sé, strinse la figlia snella e muscolosa al suo ampio e morbido seno, e Oona fece un gran sorriso, e la madre pensò, noi tre siamo una famiglia.

Forse non era appropriato, ma le prese un gran desiderio di una fotografia, cosí fece sedere vicini Oona e Anders, non poteva farne a meno, e si piazzò davanti a loro e scattò una foto, e le loro espressioni erano, come dire, quiete, come se confidassero l'uno nell'altra, ed era una bellissima foto, e ancora prima di essere a casa, mentre sedeva in macchina accanto a Oona, aveva postato l'immagine sul suo account, la prima foto che postava da moltissimo tempo, e lo schermo del suo telefono le stava già trasmettendo commenti e segnali di approvazione in rete.

Oona doveva rinnovare la patente e l'impiegato diede un'occhiata al suo ritratto sulla tessera plastificata e poi al suo viso, non una ma due volte, e lei pensò che le avrebbe chiesto di dimostrare che era la persona che dichiarava di essere, dato che lui non aveva alcun modo di appurarlo, ma non lo fece, e invece la scrutò come se stesse cercando di scrutarle dentro e disse, Oona, non tanto lo disse quanto lo chiese, e lei disse, sí, e lui le disse il proprio nome, solo il nome, e in lui non c'era nulla che non fosse cambiato, eppure lei lo riconobbe, e si abbracciarono, lei soprattutto lo abbracciò stretto, e anche lui l'abbracciò, all'inizio non tanto forte, ma poi forte quanto lei, e decisero che lei lo avrebbe aspettato per andare a prendere un caffè insieme, e lei lo aspettò e ci andarono.

L'impiegato era stato il grande amore di suo fratello, e anche se lui e suo fratello avevano avuto una relazione tempestosa, prendendosi e lasciandosi per tutto il periodo del liceo, e anche se era finita male, era finita male piú di una volta, in piú di un'occasione, e anche se lui e suo fratello si erano allontanati, era andato al suo funerale, tenendosi in disparte, e Oona avrebbe voluto parlargli, ma se n'era andato prima che lei ne avesse l'opportunità, ed era passato appena, quanto poteva essere, qualche mese, neanche un anno, ma sembravano molti anni, e anche se non erano passati molti anni dall'ultima volta che si erano visti, ne erano passati molti dall'ultima volta che si erano parlati, ma quando cominciarono a parlare prendendo il caffè fu come se tutto quel tempo non fosse passato, come se avessero continuato a condurre vite parallele, vite che procedevano lungo binari diversi ma comunque limitrofi ai vecchi binari, e sebbene il fratello se ne fosse andato, nella loro conversazione era quasi vivo, quasi ancora vivo, e anche Oona era viva, e la vita la prendeva alla gola.

L'impiegato era un bellissimo uomo con delicati occhi marroni e grandi mani marroni, ed era stato bello anche da ragazzo, ma non cosí bello, e lei gli chiese se era contento di essere cambiato, e lui disse che il cambiamento di colore era solo uno dei tanti cambiamenti che aveva vissuto negli ultimi tempi, cambiamenti arrivati tutti assieme, si era sposato la settimana prima del funerale di suo fratello, sí, sposato, ripeté, vedendo l'espressione sorpresa di Oona, anche lui con un'espressione altrettanto sorpresa, come se non riuscisse a crederci del tutto nemmeno lui, ed era felice del suo matrimonio, e amava suo marito, ma suo fratello era ancora lí, e ci sarebbe sempre stato, ormai lo sapeva, l'aveva capito al funerale, e cosí si era sposato e aveva trovato un amore e perso un amore e cambiato colore, e quale di quelle cose fosse piú significativa non l'avrebbe saputo dire, ma probabilmente, probabilmente non era il colore.

Allora lei lo stuzzicò e gli disse che gli donava, intendendo il suo attuale aspetto, e lui disse, lo so, e risero, e lui disse, dona anche a te, e lei chiese, davvero, e lui disse, davvero, e aggiunse, prima sembravi troppo famelica, e lei chiese, adesso invece no, e lui disse, adesso invece no, e lei sorrise, e poi sorrise di nuovo, un grande sorriso, sempre piú grande.

Era ormai primavera inoltrata, e le mattine erano fresche ma splendide, e Anders si era stabilito a casa di suo padre, a casa di sua madre, e anche Oona in pratica si stava stabilendo lí, sempre piú spesso passava la notte lí, aiutandolo a sgombrare e sistemare e rinnovare l'appartamento, e aveva ancora della roba a casa della madre, non se n'era andata da là, ma i vestiti si stavano accumulando nella casa che condivideva con Anders, e per il suo compleanno gli regalò una bicicletta, e in quelle splendide mattine andavano in bici, andavano insieme al lavoro in bici, e ogni giorno prima di separarsi si fermavano a prendere un caffè.

Gli insetti stavano tornando, soprattutto, in modo esitante ma sensazionale, le farfalle, e andando in bici notavano dove tendevano a radunarsi, e un giorno ce n'era un intero sciame intorno a un piccolo cespuglio in fiore, e Anders e Oona indugiarono a osservarlo per un po', tutt'e due con un piede poggiato a terra, senza parlare né fotografare ma osservando e basta, e l'indomani quando ripassarono da lí in bici le farfalle non c'erano piú, e Anders si voltò per dirlo a Oona, e mentre apriva la bocca inghiottí un insetto e fece un'espressione disgustata cercando di farlo uscire, di sputarlo fuori, e Oona rallentò passandogli accanto e si mise a ridere.

Quel giorno la donna che gli preparò il caffè era una nuova, e indossava una salopette senza maglia sotto, solo il reggiseno, anche se non faceva ancora cosí caldo, e forse lo faceva per mostrare i tatuaggi, che le danzavano sugli avambracci e sulle spalle, e la cosa buffa di quei tatuaggi era che il colore era quasi identico al colore della pelle, anzi, non un identico colore, un'identica scurezza, perciò sembravano piú incisioni che tatuaggi, incisioni sottili e complesse e ruvide, quasi ma non del tutto invisibili, e Oona si chiese se se li fosse fatti dopo essere cambiata, e non aveva modo di saperlo, ma pensava di no, o preferiva pensare di no, preferiva pensare che la donna se li fosse fatti prima, e poi fosse cambiata con quelli, fosse cambiata a somiglianza di quelli, per cosí dire, anche se poi pensò che magari quella donna non era mai cambiata, e mentre pagava, mentre la pagava, le disse, bei tatuaggi, e la donna sorrise e disse, grazie.

Anders aveva l'impressione che il suo caffè avesse un gusto diverso, ma non sapeva se fosse davvero cosí o se dipendesse dall'insetto che aveva ingoiato, e lo sorseggiò senza il consueto entusiasmo, ma quando lui e Oona si diedero un bacio di saluto fu un bacio di saluto piú lungo e appassionato del solito, e lui ne fu sorpreso, ma lei no, visto che quel bacio veniva da lei, e con ciò, e senza un'altra parola, si separarono, e lei andò alla scuola, e lui alla palestra.

Alla palestra i danni dell'incendio erano stati riparati, e quasi del tutto coperti dalla tinteggiatura, ma qua e là ne restava qualche traccia, e i mesi di chiusura avevano gravato sulle finanze, e ora il locale sembrava spoglio, spoglio soprattutto nel lussureggiare della primavera, era privo di fronzoli, c'era solo lo stretto indispensabile, panche e rastrelliere e bilancieri e piatti e fasce e catene, e gli specchi erano impolverati, e Anders si chiese se avessero detto all'uomo delle pulizie di non stare piú a pulirli.

I ranghi dei pesisti che frequentavano la palestra si erano un po' ridotti, forse perché erano tempi duri, o forse perché alcuni di loro se n'erano andati, ma c'erano anche due o tre clienti nuovi, che prima non frequentavano la palestra, e in ogni caso il loro modo di fare sollevamento pesi era sempre lo stesso, concentrato, accanito, col massimo impiego della forza, per cinque serie, o tre, o una, uomini che si spingevano piú in là che potevano, non esercitandosi, ma addestrandosi, e forse neanche addestrandosi, ma combattendo, combattendo contro la forza di gravità che il mondo esercita su quanti ci camminano sopra, esercita in apparenza in modo uguale per tutti, ma in realtà non uguale, niente affatto uguale.

Fra tutti, l'uomo delle pulizie sembrava il meno cambiato, e Anders lo osservava fare il suo lavoro e avrebbe voluto attaccare bottone, ma nessuno dei suoi tentativi aveva mai avuto successo, e quel giorno gli venne un'idea, e si trattenne fino a tardi, e quando non c'era piú nessuno nei paraggi gli disse, potrei allenarti, qualche volta potresti fare anche tu un po' di palestra, come il resto di noi, ti piacerebbe, e l'uomo delle pulizie lo guardò e disse, no, e poi aggiunse, meno bruscamente, e non con un sorriso, o comunque non un sorriso sulle labbra, forse un sorriso negli occhi, difficile a dirsi, di fatto avrebbe anche potuto essere il contrario di un sorriso, e con quella particolare espressione l'uomo delle pulizie aggiunse, quello che mi piacerebbe è un aumento.

Capitolo sedicesimo

A volte sembrava che la città fosse una città in lutto, e il Paese un Paese in lutto, e questo si addiceva a Anders, e si addiceva a Oona, dato che collimava con i loro sentimenti, ma altre volte sembrava il contrario, che stesse nascendo qualcosa di nuovo, e abbastanza stranamente anche questo si addiceva loro.

Nell'aspetto della città non era cambiato molto, a parte l'aspetto degli abitanti, ovviamente, ma quell'inverno la città era stata devastata, e c'era parecchio lavoro da fare, e a poco a poco una parte la si cominciava a fare, niente di straordinario, solo una squadra col casco protettivo che lavorava su un ponte, facendo piovere di tanto in tanto qualche scintilla verso il fiume, o il rombo di un costipatore giallo vivo che stendeva un nuovo manto stradale, mentre l'odore di carburante e di asfalto fresco veniva sollevato e sospinto dalla brezza.

A Anders veniva in mente suo padre quando vedeva quel tipo di cose, e ancor piú quando ne sentiva l'odore, quando sentiva odore di cemento o vernice fresca o legname grezzo, e i ricordi di suo padre non erano tutti piacevoli, ce n'erano anche di dolorosi, e anche se pensava di essersela cavata bene con suo padre, soprattutto alla fine, non era sicuro di quanto se la fosse cavata bene, e sospettava, o temeva, che anche suo padre non ne fosse sicuro, e forse era cosí che andava fra padri e figli, o fra certi padri e certi figli, però c'era anche l'affetto, perché Anders sentiva che il padre gli aveva voluto bene, e che lui aveva voluto bene al padre, e che nel giudizio universale non si sarebbero giudicati troppo duramente, e quella sensazione lo aiutava a tirare avanti.

Ristrutturare la casa in cui era cresciuto non era facile per Anders, ma andava fatto, e Oona lo aiutò, e carteggiarono e stuccarono e martellarono e spazzarono, e in seguito avrebbero ricordato quel periodo, loro due mezzo svestiti, la pelle nuda schizzata di vernice, come uno dei periodi in cui erano stati piú vicini, e nella camera da letto che avrebbero condiviso c'era una foto scattata da Oona di loro due in quei giorni, digitale ma poi stampata e incorniciata in forma fisica, che in futuro, ogni volta che litigavano, sarebbe servita loro da promemoria, da promemoria dell'inizio della loro convivenza.

La casa fu risistemata da cima a fondo, strati di sporcizia e fumo e polvere furono rimossi, e Anders e Oona si appropriarono di quella che era stata la camera dei genitori, mentre la terza camera da letto, che per decenni era stata uno studio, dato che, nonostante le loro speranze e i loro tentativi, ai suoi genitori non era mai nato un altro figlio, la riadattarono a palestra per il sollevamento pesi e la meditazione, ma ci misero anche alcune cose che erano appartenute ai genitori e che Anders voleva conservare, soprammobili e fotografie e un piccolo trofeo vinto da suo padre e la laurea incorniciata di sua madre, e cosí, nonostante i pesi e i tappetini da yoga e i cilindri di gommapiuma, quella camera serbava qualcosa di familiare, era la meno trasformata di tutte le stanze della casa.

Quanto alla camera di Anders, la camera dove dormiva da bambino, la lasciarono vuota, ridipinta e sgombra, come se chi ci viveva se ne fosse appena andato, o stesse per arrivare, e per quale motivo lo avessero fatto, se pensando al passato o invece al futuro, o a tutt'e due, in quel momento né Anders né Oona avevano voglia di dirselo.

Gli anni passarono veloci per Anders e Oona, sempre piú veloci, come capita a tutti noi, e i ricordi dell'antica bianchezza si allontanavano ma persistevano anche, e quando nacque la loro figlia, una bambina piccola e tosta in un corpo piccolo e gracile che presto divenne lungo e snello, con un'espressione di muta ferocia nello sguardo e una scarsa propensione agli abbracci, sebbene capace ogni tanto di parole di una tenerezza che mozzava il fiato, mozzava il fiato per quanto era diretta, e rara, un ti voglio bene detto con un'occhiata fulminante, come quella di un'adulta, detto, sí, quasi come un'accusa, quando arrivò la loro figlia, e poi, in fretta, troppo in fretta, diventò una donna, vollero trasmetterle alcune cose del passato, quello che era il suo retaggio, e allora le parlarono della loro bianchezza, e di quel che era accaduto, e del padre di Anders, tanto simile a lei, estremamente diverso ma anche tanto simile a lei, e della madre di Anders, l'insegnante, e del padre di Oona, e del fratello di Oona, di tutti loro, i suoi avi, le persone da cui discendeva, e lei ascoltò, era disposta ad ascoltare, ma in modo pacato, senza fare domande, e i suoi genitori non riuscirono mai a capire quanto lei, o chiunque altro dei giovani, comprendesse davvero.

Anders e Oona non parlavano spesso del passato, invece la madre di Oona, la nonna della ragazza, ne parlava molto di piú, e cercava di trasmettere il senso di com'era, il mondo da cui provenivano, della bianchezza che non si vedeva piú ma era ancora parte di loro, e la ragazza le era affezionata, e con lei era straordinariamente tollerante, perciò la nonna si stupí quando un giorno la ragazza la interruppe, le prese le mani e le disse, basta, solo questo, un'unica parola, basta, ed era una piccola cosa, ma la nonna ne fu molto ferita, profondamente ferita, perché si vedeva, si vedeva benissimo, che la ragazza era imbarazzata, e non imbarazzata da se stessa, ma imbarazzata per lei, per sua nonna, e in quel momento provò un moto di rabbia, e piú forte della rabbia era il senso di perdita, un forte senso di perdita, ma la ragazza non le lasciò le mani, continuò a stringergliele, a stringergliele e a scrutare le emozioni che le fiammeggiavano negli occhi, e quando quelle emozioni ebbero fiammeggiato per un po', e si fecero piú pacate, piú tenui, la ragazza si chinò e le baciò la pelle incartapecorita delle nocche, con labbra morbide, lievemente umide, e attese, attese finché la nonna non scosse il capo e in qualche modo, in qualche modo, le sorrise.

Oona era vicina alla figlia, una vicinanza che crebbe e poi declinò via via che la bambina cresceva, ma che comunque tornava sempre quando piú lei temeva il contrario, ed era sempre sbalordita e disorientata da lei, dalla sua durezza, e dalla sua pacata sicurezza di sé, e si domandava se fosse stata cosí anche lei quando era piú giovane, e forse lo era stata, almeno un po', difficile saperlo per certo, e la figlia era piccola ma sembrava grossa, sembrava piú grossa del suo corpo, piú grossa di Oona, occupava molto spazio anche quando non parlava, come un pistolero stravaccato ma vigile nell'angolo di un saloon.

Oona cominciò a preoccuparsi meno per la figlia quando crebbe, ed era un sollievo per entrambe, perché lei aveva sempre tenuto d'occhio la figlia in cerca dei segni della fragilità di suo fratello, e della propria fragilità, e aveva sempre stentato a trovarne, o comunque li aveva trovati con sempre maggiore difficoltà, e quando litigava con la figlia, il che non accadeva spesso, si rendeva conto di essere al tempo stesso furibonda per la sua cocciutaggine e segretamente compiaciuta per la sua capacità di farsi valere.

Anders e Oona non ebbero un secondo figlio, e col trascorrere degli anni facevano l'amore con meno regolarità, e a un certo punto passarono dalle notti alle mattine, a quelle occasioni imprevedibili in cui accadeva che l'impulso li cogliesse tutt'e due allo stesso tempo, riposati e stranamente vigorosi sotto le lenzuola all'inizio di un nuovo giorno, e in una di quelle occasioni Anders aveva allungato un braccio per toccare la schiena di Oona, una domanda, e lei aveva sorriso fra sé, e si era mossa leggermente per comunicare la sua risposta, e in quel momento la porta si era aperta ed era entrata la figlia, come sempre senza bussare, ma era raro che nel fine settimana si svegliasse presto e si alzasse, e ancor piú raro che li raggiungesse in camera e s'infilasse nel letto fra loro, e ormai era un'adolescente, ed era tutta vestita, e aveva l'odore della notte fuori, e Oona si rese conto che non era ancora andata a dormire, e vide nei suoi occhi non ansia, non esattamente, ma qualcos'altro di imperscrutabile, e la abbracciò, quella ragazza in parte bambina, chissà ancora per quanto, e Anders la guardò, guardò sua figlia, e non le vedeva il viso, che era girato dall'altra parte, ma solo i capelli, l'orecchio, il profilo dello zigomo e della mascella, ma nella sua mente la vedeva tutta intera, vedeva la sua espressione, e in quell'istante, senza volerlo, la immaginò da vecchia, quando lui e Oona non ci sarebbero stati piú, e sentí che lo colpiva, quell'immagine della figlia da lí a molti anni, e posò la sua mano marrone sul quel viso marrone, rassicurandola, quella figlia scura, sua figlia, e lei miracolosamente lo lasciò fare.

Indice

Stampato per conto della Casa editrice Einaudi
presso ELCOGRAF S.p.A. - Stabilimento di Cles (Tn)
nel mese di gennaio 2023

C.L. 25560

Ristampa						Anno			
0	1	2	3	4	5	2023	2024	2025	2026